Traitement de textes

Traitement de textes
une introduction à l'expression écrite

Elizabeth New

University of North Texas

Virginia M. Scott

Vanderbilt University

Prentice Hall, Upper Saddle River, New Jersey 07458

Library of Congress Cataloging-in-Publication Data

New, Elizabeth.
    Traitement de textes : une introduction à l'expression écrite / Elizabeth New, Virginia
M. Scott
        p. cm.
    ISBN 0-13-021066-8
    1. French language—Composition and exercises—Self-instruction. 2. French
language—Composition and exercises—Data processing. 3. French language—Written
French. I. Scott, Virginia M., (date)- II. Title.

PC2420.N49 2000
808'.0441—dc21

                                                                99-046097

Editor in Chief: *Rosemary Bradley*
Executive Managing Editor: *Ann Marie McCarthy*
Editorial/Production Supervision and
    Interior Design: *Claudia Dukeshire*
Copyeditor: *Karen Hohner*
Editorial Assistant: *Amanda Latrenta*
Prepress and Manufacturing Buyer:*Tricia Kenny*
Executive Marketing Manager: *Ilse Wolfe*
Marketing Coordinator: *Don Allmon*
Cover Art Director: *Jayne Conte*
Cover Designer: *Bruce Kenselaar*

This book was set in 12/14 Bulmer by Lithokraft II
and was printed and bound by Victor Graphics, Inc.
The cover was printed by Phoenix Color Corp.

Printed in the United States of America
10 9 8 7 6 5 4 3 2 1

ISBN 0-13-021066-8

Prentice-Hall International (UK) Limited, *London*
Prentice-Hall of Australia Pty. Limited, *Sydney*
Prentice-Hall Canada Inc., *Toronto*
Prentice-Hall Hispanoamericana, S.A., *Mexico*
Prentice-Hall of India Private Limited, *New Delhi*
Prentice-Hall of Japan, Inc., *Tokyo*
Pearson Education Asia Pte. Ltd., *Singapore*
Editora Prentice-Hall do Brasil, Ltda., *Rio de Janeiro*

Table des matières

Introduction to the Student

Traitement de textes: Une introduction à l'expression écrite is a manual to help you learn to write in French. It is designed for students who have had at least one year of high school French or one semester of college-level French. Beginning with simple tasks and progressing to more complex ones, this short manual guides you through activities that teach you to work alone and with your classmates. We envision **Traitement de textes** as a supplementary volume to accompany any other regular French text.

Like speaking, writing is an active skill that requires confidence, creativity, and risk-taking. In your French class you often write to practice new structures and you may be writing to learn French. In this manual, however, we want you to learn to write in French. The six *Fichiers* give you the opportunity to engage in a variety of writing activities and are carefully integrated to support you as you begin to express yourself in written French. Many of the activities are designed to be done with a word processor; however, you may choose to do them with a pencil or pen and paper.

In *Fichier 1* you will explore your attitudes about writing and learn about the writing process, which includes planning, brainstorming, generating ideas, composing, rereading, editing, and revising. You will also write your first short composition. In *Fichiers 2–6* you will learn to describe a person, write a letter, tell a story, explain a concept, and express an opinion. In keeping with our title, **Traitement de textes** (word processing), many of the terms we use are taken directly from French word-processing software. As you begin, you may want to review the list of computer-related terms in French at the end of the introduction.

Philosophy

In preparing this manual, we have incorporated our views about writing in a second or foreign language. These concepts come from our years of teaching writing and from research that we have done with novice writers:

○ Generating and organizing ideas are the most important phases of the writing process and should be done both alone and with classmates.

○ Working with peers should be a part of the pre-writing as well as the editing phases of the writing process.

○ Grammar is a tool for writing and is only presented as an aid for the writing task at hand. The language structures in this manual are designed to support the writing task and not to teach the structure fully.

○ In the classroom the teacher is not the only audience for student writing. Student writers can serve as readers of their own work and their classmates' work if they are carefully guided through the process.

- Authentic texts can be good model texts if they are studied after students have the opportunity to generate their own ideas on the topic. *Fichiers 3–6* use literary excerpts as model texts.

- Texts that represent real student work can also be good model texts. *Fichier 2* uses an example of student writing.

- The length of a composition is not an indicator of quality. Rather, the work that precedes the final writing phase is a greater predictor of the quality of a composition.

Division of Each Fichier

Each *Fichier* begins with a brief discussion in English in which you are asked how you might carry out the writing task in your native language. Because we believe that writing is a challenging activity in any language, we want you to begin by thinking about the task in general, without regard to the language of expression. As you progress through the sections of each *Fichier* you will engage in various phases of the writing process in French.

Démarrage. In this brief section the writing task is explained in French.

Traitement du sujet. This section is divided into sub-sections that guide you through various types of pre-writing activities.

- **Réflexion:** Brainstorming activities that you will do alone.

- **Discussion:** Brainstorming activities that you will do with classmates.

- **Mise en place:** Using the ideas that you have generated alone and with classmates, you will begin to write. You may either use the computer, as indicated by the invitation to go to the keyboard (*Au clavier!*), or pencil and paper.

- **Travail modèle:** A model text is provided to help you envision what you might do in your own work. Each model text is followed by activities that help you to understand the text and to inspire you with new ideas.

Création de document. This section contains writing activities that you will do alone. Again, you may either use the computer, as indicated by the invitation to go to the keyboard (*Au clavier!*), or you may write with pencil and paper.

Aperçu avant impression. In this section you will engage in editing and revising activities with classmates and on your own. Then, you will write the final draft of your composition.

Évaluation. The composition grading guide in this section will correspond to the pre-writing, writing, and editing activities that you completed. At three different times in each *Fichier* you will be asked to print your work and put it in your **Dossier**, or portfolio. This portfolio, which may be a folder or a notebook, will be a collection of your work. You may use the portfolio to evaluate your own work, or to be evaluated by a classmate or your teacher.

Outils. This supplementary section contains brief grammar notes and activities that are designed to support you for each writing task.

Icons

Icons are included in the *Fichiers* to help you identify different kinds of activities.

 Light bulb icon = begin work

 Pencil icon = work to be written in the manual

 Keyboard icon = work to be done on the computer, associated with the words *Au clavier!*

Diskette icon = work to be saved

 Printer icon = work to be printed

 Magnifying glass icon = revising and editing work

Fichier/folder icon = beginning of chapter

 Book icon = reading selection

Acknowledgments

Sitting on a *terrasse de café* in St. Germain des Prés, basking in the delight of a mid-afternoon *verre,* we imagined the challenge of writing a manual that put into practice our theories about foreign language writing. We wanted to integrate our understanding of how students generate ideas, work with peers, manipulate language structures, read literary texts, and write in a computer-mediated environment. And, we wanted students of French to have an opportunity to engage in these activities during the early stages of language study. Thanks to Rosemary Bradley, our editor at Prentice Hall, we were offered the opportunity to put our ideas in print. We also owe a special thanks to Steve Shapiro, who encouraged us from the beginning.

We believe that this writing manual represents important changes in how we teach foreign languages: integration of skills from the start, focus on functional language, meaning that is not sacrificed for accuracy, writing as a means to engage in critical thinking, and analysis of literary texts to understand notions of style and creative voice. Most importantly, we thank our elementary- and intermediate-level students of French who have contributed to this manual by showing us that communicative peer work during idea generation, creative and personalized language work, and computer activities for writing and revising can promote writing competence in French.

When we weren't at a *café* in Paris, we were asking our families and friends in Dallas and Nashville to accept our single-minded focus during manuscript preparation. Our parents have contributed in very special ways by providing us with opportunities to indulge our passion for French. Thanks also to Gay Welch for listening to us as we talked endlessly about how to engage students in creative thinking.

An important theoretical perspective of this manual is reflected in the art. Beatrice W. Mitchell (Virginia M. Scott's mother) brings an intimate knowledge of all things French from her years of living and traveling in France and the Francophone world. At age 75, she agreed to put her artistic energies into pen-and-ink drawings to frame the traditional, academic dimensions of our manual. To highlight the innovative, technological dimensions of our manual, Susannah B. Welch, a high school student of French, created the models for the icons that provide direction throughout the manual. We thank them both for offering the visual metaphors that bridge the old and the new, the pen and the computer.

No book project is done without the help of colleagues and reviewers. We thank everyone who offered reactions and suggestions. In particular, we would like to thank our reviewers: Renée Severin, Candace Cone, Brian Thompson, Diane Fagin-Adler, Lyle Polly, and Kirsten Halling.

Petit lexique

(The following French words will help you talk about computers and word processing.)

A

aligner à gauche/à droite	to justify left/right
adresse électronique (*f.*)	e-mail address
aperçu (*m.*) **avant impression**	print preview/view

B

barre d'outils (*f.*)	tool bar
base de données (*f.*)	database

C

cartouche (*f.*)	cartridge
[disque] (*m.*) **CD-ROM**	CD-ROM
centrer, centré	to center, centered
clavier (*m.*)	keyboard
cliquer	to click
coller	to paste
couper	to cut
courrier électronique (*m.*)	electronic mail (e-mail)

D

déplacer	to drag
disque [dur] (*m.*)	[hard] drive
disquette (*f.*) **[souple]**	[floppy] disk
lecteur de disquettes	disk drive
données (*f. pl.*)	data

E

écran (*m.*)	screen
effacer	to delete
encre (*m.*)	ink
envoyer	to send
enregistrer	to save
enregistrer sous	to save as

F

fermer	to close
fichier (*m.*)	file
formater	to format

G

glisser	to drag
gras	bold

I

imprimer	to print
imprimante (*f.*)	printer
à jet d'encre	inkjet
à laser	laser
matricielle	dot matrix
informatique (*f.*)	computer science
informatisé, e	computerized, computer-mediated/aided
assisté par ordinateur	computer-aided/assisted

s'informatiser	to become computerized		
"je me suis informatisé"	"I have become computer literate"		
insérer	to insert		
Internet (*m.*)	Internet		
italique	italics		

L

lecteur (*m.*)/unité (*f.*) de disquettes	disk drive
en ligne	online
logiciel (*m.*)	software

M

mémoire (*f.*)	memory
RAM	RAM
messagerie électronique (*f.*)	electronic mail system
mettre en route	to boot up
moniteur couleur (*m.*)	color monitor
mot de passe (*m.*)	password
multimédia	multimedia

O

octet (*m.*)	byte
ordinateur (*m.*)	computer
ouvrir	to open

P

page d'accueil (*f.*)	home page
pirate (*m.*) informatique	hacker
police (*f.*)	font
taille (*f.*) de la police	font size

R

relancer	to reboot, restart
réseau (*m.*)	network
[haute] résolution/ définition (*f.*)	[high] resolution

S

scanner (*m.*)	scanner
scanner	to scan
sélectionner	to select, highlight
serveur (*m.*)	file server
site Web (*m.*)	Web site
souligner, souligné	to underline, underlined
souris (*f.*)	mouse
supprimer	to delete
surfer	to surf

T

touche de retour (*f.*)	return key

W

Web (*m.*)	Web
W3	WWW

In Fichier 1 you will explore your attitudes about writing and learn about the writing process in general. We want you to think about what writing is, why you write, and finally how you go about writing. Research tells us that writing in our native language is a challenging activity. The process of searching for ideas, organizing, linking ideas, writing, editing, and rewriting can be complex and difficult. In fact, when we begin to write we often don't know what will happen and the activity almost takes on a life of its own. When attempting a writing assignment in a foreign language, you may feel overwhelmed by all the things you are supposed to remember, such as grammar, vocabulary, and idiomatic expressions. To help you begin your study of writing, several activities in this Fichier are in English; subsequent Fichiers are all in French.

Fichier 1
COMPRENDRE ET PROCÉDER

 DÉMARRAGE

In this **Fichier** you will familiarize yourself with the organization of ***Traitement de textes*** and also explore your understanding of writing. To get you started, some of the activities are in English. As you write your first composition, the activities in French will guide you through brainstorming, freewriting, organizing, and evaluating your work.

TRAITEMENT DU SUJET

Réflexion

Begin by exploring your own attitudes about writing.

1.   In your own words, what is writing?

   _____

   _____

   _____

2.   In your opinion, why do we write?

   _____

   _____

   _____

3. How do you use writing in your everyday life? (Give examples.)

_____

_____

_____

_____

4. Writing is sometimes seen as a form of thinking. Do you agree? Explain.

_____

_____

_____

5. In your opinion, how is composing at the computer different from composing with pencil and paper?

_____

_____

_____

6. What features of a computer are most useful to you?

_____

_____

7. List at least five positive and five negative aspects about writing with a computer. The chart below will help you to organize your answers.

PROS	CONS

 *Discussion*

1. With a partner, discuss the questions from the **Réflexion** section above. Then, interview your partner to find out his/her attitudes toward the following types of writing.

    - ○ writing letters
    - ○ writing in a journal or diary
    - ○ writing academic papers
    - ○ jotting down ideas
    - ○ making lists
    - ○ writing e-mail
    - ○ writing a poem or short story

2. You may be surprised to realize that writing is more than an academic exercise. Working with a partner, explore nuances of the word *to write* in both English and French. In English we have many words that are related to the verb *to write,* such as *to inscribe, to engrave,* and even *to doodle.* Find ten words and fill in the chart below. A good dictionary, thesaurus, or English composition handbook may provide you with some ideas.

TO WRITE

    Like in English, French also has many words that approximate the meaning of the verb *écrire.* Find at least ten synonyms, or near-synonyms, for this word and record them in the table on the next page. Your list of English terms above may help you.

VOCABULARY SEARCH TIP: 1) Consult a *monolingual* (French–French) dictionary and look up the word **écrire;** 2) then, from the list of words and expressions in the monolingual French dictionary, find a word or expression that you don't know and look it up in a bilingual (English–French/French–English) dictionary.

ÉCRIRE

Mise en place

1. **Chercher des idées.** You will complete a freewriting activity designed to build your confidence as you begin writing in French. It allows you to "warm up" in a risk-free format. Let your ideas flow freely; grammatical accuracy and organization are *not* important. Allow exactly ten minutes to write as much as you can in French on *one* of the following topics without stopping!

AU CLAVIER!

Choisissez un des termes suivants. Écrivez pendant dix minutes tout ce qui vous vient à l'esprit. Il n'est pas nécessaire que vos idées se rapportent au thème que vous avez choisi. Les erreurs n'ont pas d'importance. Il faut surtout écrire sans vous arrêter pour penser.

La tristesse

Le bonheur

Le courage

La colère

2. **Organiser les idées.** Your freewrite may be a series of words and sentences in random order. In this activity you will organize your thoughts into a more coherent text. Feel free to expand on what you have written and do not be concerned with grammatical accuracy at this point.

AU CLAVIER!

Utilisez les fonctions **ajouter, effacer, couper** et **coller** pour modifier votre texte de la façon suivante:

○ Écrivez un titre.

○ Organisez vos idées d'une façon logique.

3. **Lier les idées.** Your text now consists of a title and a list of sentences. Imagine how you might want to rearrange and link your ideas so that the reader can follow your train of thought.

AU CLAVIER!

Liez vos phrases en vous servant des mots suivants. Cherchez les mots que vous ne connaissez pas dans le Lexique ou dans un dictionnaire.

et	d'abord	ainsi	cependant	néanmoins
ou	puis	ensuite	donc	pourtant
mais	enfin	alors	au contraire	par conséquent

4. **Enregistrer et imprimer.** Save and print your document. Now place it in your dossier.

CRÉATION DE DOCUMENT

Écrire. So far you have let your ideas flow freely, and organized and linked your thoughts into paragraph form. Now you will write on the same topic, but you may *not* use your previous work. This exercise is designed to encourage you to generate more ideas and to organize your ideas without being constrained by your first efforts. Let your experience with the writing process guide you as you begin again.

AU CLAVIER!

Créez un nouveau document. La page est blanche! Écrivez encore une fois sur le même sujet; ne regardez pas votre première rédaction.

- ○ Retrouvez les idées.
- ○ Organisez les idées.
- ○ Liez les idées.

Save and print your first draft. Place it in your dossier.

APERÇU AVANT IMPRESSION

Relire et réviser. During this phase of the writing process you will try to be objective about your work. Do you like it? Does it say what you mean? Will your reader understand it? Read it aloud to a classmate and ask for three suggestions. Note the suggestions and add two more of your own.

_____

_____

_____

_____

_____

AU CLAVIER!

Lisez votre texte à haute voix. Vérifiez la logique de votre composition. Corrigez la structure grammaticale. Enfin, écrivez la rédaction finale de votre composition. N'oubliez pas de considérer les réactions de votre collègue.

Save and print your final draft. Include it in your dossier.

ÉVALUATION

Mise en place: A freewrite

Très intéressant	Intéressant	Moyen	Passable	Inacceptable
5	4	3	2	1

Total _____ /5

Création de document:

Organisation	1 2 3			
Usage des expressions de lien	1 2 3			
Créativité	1 2 3		Total _____ /9	

Rédaction finale:

Créativité	1 2		
Organisation	1 2 3		
Contenu	1 2 3		
Grammaire	1 2 3	Total _____ /11	

Total _____ /25

Remarques de l'écrivain:

Remarques du (des) collègue(s):

Remarques du professeur:

OUTILS

Le présent de l'indicatif

1. The three present-tense forms in English *I sing, I do sing,* and *I am singing* have one corresponding present-tense form in French: **je chante.** There are three categories of regular verbs:

    ○   **-er verbs:**

	parler		
je parle		nous	parl**ons**
tu parl**es**		vous	parl**ez**
il/elle/on parle		ils/elles	parl**ent**

Some common **-er** verbs include: **penser, demander, raconter, inviter, manger, écouter, jouer, habiter, acheter, trouver, travailler, chercher, regarder, danser, chanter, aimer, détester.**

    ○   **-ir verbs:**

	finir		
je fin**is**		nous	fin**issons**
tu fin**is**		vous	fin**issez**
il/elle/on fin**it**		ils/elles	fin**issent**

Some common **-ir** verbs include: **choisir, obéir, rougir, réfléchir, maigrir, grossir.**

    ○   **-re verbs:**

	rendre		
je rend**s**		nous	rend**ons**
tu rend**s**		vous	rend**ez**
il/elle/on rend		ils/elles	rend**ent**

Some common **-re** verbs include: **répondre, attendre, entendre, rendre, descendre.**

2. Many French verbs are irregular. Some of the most common irregular verbs include:

aller: vais, vas, va, allons, allez, vont

avoir: ai, as, a, avons, avez, ont

dire: dis, dis, dit, disons, dites, disent

écrire: écris, écris, écrit, écrivons, écrivez, écrivent

être: suis, es, est, sommes, êtes, sont

faire: fais, fais, fait, faisons, faites, font

pouvoir: peux, peux, peut, pouvons, pouvez, peuvent

prendre: prends, prends, prend, prenons, prenez, prennent

savoir: sais, sais, sait, savons, savez, savent

venir: viens, viens, vient, venons, venez, viennent

vouloir: veux, veux, veut, voulons, voulez, veulent

À vous

A. Put the verbs in parentheses in the present tense.

1. Il _____ (aller) où il _____ (vouloir).

2. Nous _____ (chercher) le bonheur.

3. Elle _____ (obéir) à sa conscience.

4. Tu ne _____ (dire) jamais la vérité.

5. Est-ce qu'ils _____ (faire) leur devoir (_duty_)?

6. Vous _____ (comprendre) la réaction de votre ami?

7. Elles _____ (être) tristes de te voir si malheureux.

8. Je _____ (venir) d'arriver.

C'est et _il/elle est_

1. In English we are often redundant. For example, when we say _He is a man,_ the words _he_ and _man_ are repetitive. The French say _It is a man_ in order to avoid repetition.

In simple terms, the best way to avoid being redundant is to remember . . .

○ **C'est** or **ce sont** + noun or pronoun:

C'est un homme.

C'est une chaise.

C'est lui.

Ce sont des enfants.

○ **Il/Elle est** or **ils/elles sont** + adjective:

C'est un homme; **il est** grand.

La chaise est confortable et **elle est** bleue.

Ce sont des enfants intelligents, mais **ils sont** difficiles.

 À vous

B. Complete the following sentences with the expressions **c'est, ce sont, il/elle est,** or **ils/elles sont.**

1. Mon ami? _____ un étudiant de première année.

2. _____ mes copains; _____ très sympa.

3. J'aime bien la cuisine française; _____ bonne.

4. Nous allons sortir ce soir; _____ une bonne idée.

NOTES

In Fichier 2 you will write a description of a person. Generally, when we describe people we do it verbally. That is, we tell someone about a person we know or that we may have seen on the street, in a restaurant, etc. Our purpose in describing a person is often to present a vivid, detailed image so that our listener can fully imagine the person and his/her surroundings. As you prepare for the work in this Fichier, think about what elements are essential when describing a person. For example, when you envision someone, where is the person? In a room? At a desk? Sitting in a chair? Sleeping? How does the setting add to the image of the person? Next, what physical characteristics are important to note? Body type? Facial expression? Mode of dress? Finally, what personality traits define this individual? Anger? Despair? Generosity?

In this Fichier you will engage in several activities intended to help you develop your ability to write a description of a person. The model text is an example of a student's work and includes both a completed worksheet and a short composition. Your pre-liminary work will guide you in describing an imaginary person or someone whom you know or have seen.

Fichier

Fichier 2
DÉCRIRE UNE PERSONNE

DÉMARRAGE

Vous allez décrire une personne que vous connaissez ou que vous avez vue récemment. Qui est cette personne? Où est-elle? Comment est-elle?

TRAITEMENT DU SUJET

Réflexion

Imaginez la personne que vous allez décrire. Vous pouvez inventer cette personne ou choisir quelqu'un que vous connaissez comme modèle. Répondez aux questions suivantes pour vous aider à trouver des idées.

1. Est-ce un homme ou une femme? Un enfant ou un adulte?

    _____

    _____

    _____

2. Quel est le nom de cette personne?

    _____

    _____

3. Est-ce qu'elle ressemble à quelqu'un que vous connaissez? Si oui, à qui?

_____

_____

_____

4. Envisagez cette personne:

- ○ Où est-elle?
- ○ Que porte-t-elle?
- ○ Est-elle heureuse? Triste? Confiante? Mal à l'aise?

_____

_____

_____

_____

_____

_____

_____

Discussion

1. Choisissez un(e) partenaire, puis posez des questions pour apprendre quelle sorte de personne il/elle va décrire. Servez-vous des questions suivantes pour guider votre discussion:

- ○ Comment s'appelle ton personnage?
- ○ Est-ce que tu connais cette personne?
- ○ Est-ce que cette personne est aimable? Admirable? Pitoyable?
- ○ Pourquoi as-tu choisi cette personne?

2. Après votre discussion, suggérez trois idées que votre partenaire peut ajouter à sa description. Échangez vos idées. Notez les idées offertes par votre partenaire.

_____

_____

_____

_____

_____

_____

Mise en place

1. **Le cadre.** Soulignez deux idées pour *situer* votre personnage dans un lieu spécifique. N'hésitez pas à ajouter d'autres idées.

dehors	en ville	à la campagne	à la plage
à l'intérieur	dans une maison	dans un bureau	_____
dans la rue	dans une boutique	dans la cuisine	_____

2. **L'aspect physique.** Soulignez les aspects physiques que vous voulez traiter dans votre description. Ajoutez d'autres idées, si vous voulez.

   ○ **La taille:** grand(e), petit(e), moyen(enne), _____

   ○ **La tête:** les cheveux, le visage, le front, les yeux, le nez, la bouche, les lèvres, _____

   _____

   ○ **Le corps:** le cou, les épaules, le torse, les bras, les mains, les hanches, les jambes, _____

   _____

3. **Le caractère.** Soulignez les adjectifs qui s'appliquent au *caractère* de la personne que vous avez choisie. Cherchez les mots que vous ne connaissez pas dans un dictionnaire.

intellectuel(elle)	bavard(e)	ouvert(e)	sportif(ive)
agressif(ive)	ennuyeux(euse)	calme	réaliste
déprimé(e)	sérieux(euse)	diligent(e)	sociable
discipliné(e)	pessimiste	paresseux(euse)	naïf(ïve)
perfectionniste	enthousiaste	franc (franche)	timide
orgueilleux(euse)	charmant(e)	généreux(euse)	optimiste

Pour bien décrire, il est parfois nécessaire de chercher des mots de vocabulaire supplémentaires. Avec l'aide de votre dictionnaire, trouvez encore six adjectifs utilisés pour décrire *la personnalité* et *le caractère*. Notez-les ci-dessous selon le modèle. Ensuite, trouvez des synonymes et des antonymes qui correspondent aux adjectifs. Regardez le tableau suivant:

ADJECTIF	SYNONYME	ANTONYME
travailleur(euse)	diligent(e)	paresseux(euse)

AU CLAVIER!

○ Créez une première catégorie où vous écrivez les deux descriptions de lieu que vous avez choisies.

○ Dans une deuxième catégorie faites une liste des aspects physiques que vous allez traiter.

○ Dans une troisième catégorie faites une liste de huit adjectifs qui décrivent le caractère.

○ Puis, pour chaque catégorie que vous avez désignée, écrivez deux phrases pour la description du lieu, trois phrases pour l'aspect physique et huit phrases pour le caractère.

Enregistrez ce document sous le nom «description» et imprimez-le. Mettez-le dans votre dossier.

LA SEINE

Voici le travail d'une étudiante. Dans cette composition elle décrit une femme sans domicile fixe (SDF) qu'elle a vue dans la rue. Analysez son travail préliminaire, puis lisez le portrait d'*Une femme qui habite dans la rue*.

Travail préliminaire

Mise en place

Sujet: une personne qui habite dans la rue
Nom du personnage: Monique

1. **Le cadre:** la porte devant une boutique où l'on vend des articles élégants et chers

2. **Adjectifs pour l'aspect physique:**

ridé (*wrinkled*)   grand (*large*)
bombé (*bulging*)   dodu (*plump*)
gros (*coarse*)   creux (*sunken*)
déguenillé (*tattered*)   lourd et gauche (*slouching*)
râpé (*threadbare*)

3. **Adjectifs pour le caractère:**

isolé (*lonely*)   solennel (*solemn*)
affligé (*sorrowful*)   indigent (*poverty-stricken*)
morne (*gloomy*)   débraillé (*untidy*)

ADJECTIF	SYNONYME	ANTONYME
dodu	potelé	mince
grand	étendu	menu
morne	sombre	illustre

Une femme qui habite dans la rue

Son visage ridé est encadré par des cheveux épais, poivre et sel. Elle a les yeux enfoncés, les joues creuses, et son regard trahit sa vulnérabilité. Sa bouche est presque invisible parce qu'elle ne sourit jamais. C'est une femme en quête d'un refuge. Elle s'adosse, avec un air de fatigue, contre la vitrine d'une boutique où l'on vend des articles chers et élégants. Pourtant, elle n'est ni vendeuse ni cliente. Vêtue de haillons déguenillés et râpés, elle offre un contraste marqué avec les vêtements dans la vitrine de la boutique.

Elle a les épaules larges et le ventre rond. Les boutons de son chandail sont prêts à se détacher. Elle paraît lourde, affligée par le poids de ses problèmes. Ni agressive ni silencieuse, elle murmure sa tristesse.

C'est une indigente, seule et solitaire. Avec son dos courbé et ses pieds gonflés, elle exhale une odeur morne qui touche ceux qui passent dans la rue, leur donnant un goût âpre de la vie. Monique habite dans la rue, vivant sans luxe et sans amis.

Analyse

Avec un(e) partenaire, analysez cette description. Utilisez les questions suivantes pour vous guider.

A. Quels adjectifs dans le travail préliminaire se trouvent dans le portrait de Monique?

_____

_____

_____

B. Soulignez les références au cadre. Ensuite, encerclez les références aux aspects physiques et aux traits de caractère. Est-ce que les descriptions du cadre, de l'aspect physique et du caractère sont séparées? Expliquez.

_____

_____

_____

C. À votre avis, quelle phrase représente le mieux l'essentiel de cette description?

_____

_____

_____

D. Quel aspect de ce portrait vous frappe le plus? Pourquoi?

_____

_____

_____

E. Imaginez que vous avez l'occasion de parler à Monique. Quelles questions est-ce que vous aimeriez lui poser?

_____

_____

_____

CRÉATION DE DOCUMENT

AU CLAVIER!

Retrouvez votre document intitulé «description». Vous avez déjà 13 phrases. Écrivez votre description en modifiant vos phrases selon les consignes données ci-dessous.

○ N'utilisez pas trop le verbe **être.** Voici quelques autres possibilités:

devenir, demeurer, rester, se trouver, se montrer, sembler, paraître

En général, il **paraît** nerveux.

Dans toute circonstance, elle **demeure** patiente et tranquille.

○ Évitez la répétition en remplaçant l'adjectif par un substantif:

patient	→	**la patience**	Elle a de la **patience.**
tolérant	→	**la tolérance**	Il manquait de **tolérance.**
généreux	→	**la générosité**	Sa vie est caractérisée par la **générosité.**

○ Commencez la phrase par un adjectif:

Courageux, ils ont fait face à leurs problèmes.

Ni agressive ni violente, elle reste silencieuse.

○ Distinguez entre **c'est** et **il/elle est:**

C'est un homme.   (**c'est** + un nom)

Il est grand.   (**il est** + un adjectif)

Ce sont des fleurs; elles sont belles.

C'est un livre; il est long.

Enregistrez et imprimez votre première rédaction. Mettez-la dans votre dossier.

APERÇU AVANT IMPRESSION

Trouvez un(e) partenaire et échangez vos compositions. Puis lisez la description de votre partenaire et complétez les activités suivantes:

○ Suggérez un titre.

○ Soulignez les adjectifs.

○ Notez les références au cadre, aux aspects physiques et aux traits de caractère.

○ Trouvez la phrase qui représente le mieux l'essentiel de cette description.

○ Posez deux questions à votre partenaire sur son personnage.

○ Donnez vos remarques à votre partenaire.

Les remarques de votre partenaire: _____

_____

_____

_____

_____

_____

AU CLAVIER!

Écrivez la rédaction finale de votre description en considérant les suggestions de votre partenaire. N'oubliez pas de mettre un titre!

Enregistrez et imprimez votre composition. Mettez-la dans votre dossier.

ÉVALUATION

Mise en place: Deux phrases pour la description du lieu, trois phrases pour l'aspect physique et huit phrases pour le caractère

Très intéressant	Intéressant	Moyen	Passable	Inacceptable
5	4	3	2	1

Total _____ /5

Création de document:

Organisation 1 2

Usage des expressions 1 2

Clarté des idées 1 2 3 Total _____ /7

Rédaction finale:

Titre 1

Créativité 1 2

Organisation 1 2 3

Contenu 1 2 3

Grammaire 1 2 3 4 Total _____ /13

Total _____ /25

Remarques de l'écrivain:

Remarques du (des) collègue(s):

Remarques du professeur:

L'accord des adjectifs

1. In French, adjectives agree in gender and number with the nouns they modify.

2. Most French adjectives become feminine by adding an **-e** to the masculine form:

    Il est patient, mais elle est impatient**e.**

3. Most French adjectives add an **-s** to make them plural:

    Ils sont arrogant**s,** mais elles sont poli**es.**

4. Masculine adjectives that end in **-e** remain the same in the feminine:

    Il est **aimable** et elle aussi, elle est **aimable.**

5. Other adjectives tend to follow a general pattern:

    (agressif / craintif)   Il est **agressif** mais elle est **craintive.**

    (beau / loyal)   Ils sont beaux et loyaux.

À vous

A. Complete the following descriptions. Remember to make the appropriate agreements.

1. Il est bavard, mais elle n'est pas _____ (bavard).

2. Ils sont _____ (honnête) et _____ (loyal).

3. Elles sont _____ (intellectuel) et _____ (perspicace).

4. Ils sont _____ (têtu) mais _____ (débrouillard).

La place des adjectifs

1. Adjectives are often used with the verb **être** and follow this format:

    subject + **être** + adjective(s)   Marc est **agressif.**

2. In general, however, adjectives come after the noun they modify:

    Mon amie est une femme **sympathique** et **sincère.**

    Elle a l'esprit **ouvert.**

3. Exceptions to this rule include possessive adjectives (**mon, ma, mes,** etc.), demonstrative adjectives (**ce, cette, ces,** etc.), ordinal adjectives (**premier, deuxième,** etc.), and a few adjectives of quantity (**chaque, quelques, plusieurs,** etc.). The following adjectives also come before the noun:

autre	faux	jeune	nouveau
beau	gentil	joli	petit
bon	grand	long	vieux
court	gros	mauvais	vilain
dernier	haut	meilleur	vrai

4. Some adjectives change meaning according to their place in the sentence. When the adjective follows the noun, it is usually literal in meaning; when it precedes the noun, it is usually figurative in meaning.

pauvre: un homme **pauvre** = *a poor man (without money)*

un **pauvre** homme = *a poor man (to be pitied)*

cher: une **chère** amie = *a dear friend*

une robe **chère** = *an expensive dress*

À vous

B. Put the adjectives in parentheses in the correct form and the correct place.

1. la femme (vieux) _____

2. le jour (autre) _____

3. le professeur (intelligent) _____

4. la fille (jeune / blond) _____

Adjectifs et substantifs

Adjectives often have a corresponding noun. Note the following examples:

pauvre	**la pauvreté**
vulnérable	**la vulnérabilité**
fatigué	**la fatigue**
heureux	**le bonheur**
jeune	**la jeunesse**

À vous

C. Use a dictionary and transform the following sentences by replacing the adjectives in italics with a noun, as in the model.

MODÈLE: *patient*   Elle a de la patience.

1. sincère   Nous sommes impressionnés par sa _____.

2. paresseux   Elle s'abandonne à la _____.

3. franc   Sa vie se caractérise par la _____.

4. naïf   Sa _____ l'empêche de réussir.

5. gentil   La _____ lui faisait défaut.

NOTES

In Fichier 3 you will write a letter expressing your feelings of either admiration or indignation. You may address your letter to someone you know or to a public figure (an actor, a politician, etc.). As you prepare to work on this document, think about the format of a letter. When you write to someone you know, you may use an informal form of address and tone. However, when you write to someone you have never met, you are likely to use more formal discourse. In addition, when you write a letter of praise your tone will be very different than when you write a letter of indignation. In this Fichier you will learn several ways to begin and conclude an informal and a formal letter in French and to express your feelings of like and dislike.

The model text in this Fichier is an excerpt from a letter in Les Liaisons dangereuses, *a novel written in 1782 by Pierre Choderlos de Laclos. This epistolary novel (a novel consisting entirely of letters) provides a penetrating psychological analysis of the characters and their passionate relationships. In this letter, number 58, the Vicomte de Valmont expresses his intense unhappiness to Madame de Tourvel (la Présidente) because she is unwilling to respond to his amorous advances.*

VILLAGE PROVENÇAL

Fichier

Fichier 3
ÉCRIRE UNE LETTRE

DÉMARRAGE

Vous allez écrire une lettre pour exprimer de l'admiration ou de l'indignation. À qui allez-vous écrire? Qu'est-ce que cet individu a fait pour provoquer (une telle réaction)? Que voulez-vous dire exactement? Sur quels points faut-il insister? Cette lettre comprendra trois parties: 1) la formule d'appel (**Monsieur, Chère Amie,** etc.) et l'objet de la lettre; 2) le développement avec les précisions et les détails; 3) la conclusion, où vous terminez par un résumé du contenu et la salutation finale.

TRAITEMENT DU SUJET

Réflexion

Complétez les exercices suivants pour commencer à formuler vos pensées.

1. Indiquez quelle sorte de lettre vous voulez écrire:

_____ une lettre d'admiration   _____ une lettre d'indignation

2. Choisissez la personne à qui vous allez écrire:

_____ un ami/une amie

_____ un politicien/une politicienne

_____ un parent

_____ un professeur

_____ un acteur/une actrice

_____ un chef d'entreprise

_____ autre (expliquez) _____

3. Indiquez le mot qui reflète votre sentiment envers cette personne.

_____ le respect	_____ l'irrévérence (*f.*)
_____ l'admiration (*f.*)	_____ l'indignation (*f.*)
_____ l'amitié (*f.*)	_____ l'antipathie (*f.*)
_____ l'amour (*m.*)	_____ la haine

Discussion

1. Par groupes de trois, parlez du (de la) destinataire de votre lettre. Organisez votre discussion selon les questions suivantes:

   ○ Qui est cette personne?

   ○ Pourquoi avez-vous choisi cette personne?

   ○ Quel est votre sentiment envers cette personne?

2. Après votre discussion, suggérez encore deux sentiments à vos deux collègues. Utilisez la liste ci-dessous pour vous aider:

la colère	l'exaspération (f.)	la joie
le dégoût	la frustration	le mépris
le désespoir	la gêne	la peine
l'émerveillement (*m.*)	la honte	la peur
l'ennui (*m.*)	l'impatience (*f.*)	la satisfaction
l'enthousiasme (*m.*)	l'irritation (*f.*)	le soulagement

3. Notez les sentiments que vos collègues vous suggèrent.

_____

_____

_____

_____

_____

Mise en place

1. **La forme d'une lettre.**   Choisissez une lettre officielle ou une lettre personnelle. Puis signalez les éléments que vous voulez utiliser dans votre lettre.

Une lettre officielle

Il faut commencer par *le nom de la ville* et *la date* en haut à droite de la page.

Puis il faut indiquer *le titre de fonction du destinataire* (Monsieur le Président, Madame la Directrice, Monsieur le Secrétaire Général, etc.) et son *adresse*.

○   La formule d'appel:

_____ Madame   _____ Monsieur   _____ À Qui de Droit

○   La salutation initiale:

_____ J'ai l'honneur de...

_____ J'ai le plaisir de...

_____ J'ai le regret de...

   _____ vous écrire...

   _____ vous remercier (pour)...

   _____ vous demander (si)...

   _____ vous faire savoir (que)...

○   La formule finale:

_____ Je vous prie d'accepter, Madame / Monsieur,

_____ Je vous serais très reconnaissant(e), Madame / Monsieur, d'accepter...

   _____ l'expression de mes sentiments distingués.

   _____ mes sentiments cordiaux.

   _____ ma respectueuse considération.

_____ Veuillez agréer, Madame / Monsieur,

_____ Veuillez croire, Madame / Monsieur, à...

_____ Croyez, Madame / Monsieur, à...

     _____ l'assurance de ma considération distinguée.

     _____ l'expression de mes sentiments dévoués.

     _____ l'expression de mes sentiments respectueux.

_____ Je vous adresse l'expression, Madame / Monsieur,

_____ Soyez assuré(e), Madame / Monsieur,

     _____ de mon fidèle souvenir.

     _____ de mes meilleures pensées.

     _____ de mon profond respect.

Toulouse, le 13 août, 1999

Chère Amélie,

Je ne sais pas par où commencer cette lettre mais je t'écris pour raconter honnêtement mes sentiments de colère. Cette tâche n'est pas du tout facile pour moi parce que je suis normalement prête à accepter toutes sortes de situations. Mais, je suis très déçue et, puisque je tiens à notre amitié, je veux parler franchement.

L'essentiel du problème se résume ainsi : nous habitons ensemble dans un petit appartement depuis six mois et tu as l'air contente alors que moi, je suis très malheureuse. Tu ignores les responsabilités généralement associées avec la vie commune. Pour commencer, tu invites tes amis à toutes les heures de la nuit et le bruit m'empêche de dormir. En plus tu fais rarement la vaisselle ni ne ranges les meubles. Par ailleurs, quand mes amis me laissent un message téléphonique tu oublies de me le dire. Encore pire, souvent tu mens effrontément. Bref, je ne peux pas supporter ta paresse et ton égoïsme. Je me sens blessée par ton insensibilité et j'ai honte devant mes amis.

Pour conclure, l'appartement est sale, je ne peux plus y vivre, et mes amis ne veulent pas me voir dans cet état. Si tu n'arrêtes pas de profiter de ma générosité, je serai obligée de déménager. Dans l'espoir que tu répondras bientôt à cette lettre, je t'adresse l'expression de mes fidèles sentiments.

Julie

Une lettre personnelle

Il faut commencer par *le nom de la ville* et *la date* en haut à droite de la page.

- La formule d'appel:

  _____ Cher ami   _____ Cher (Marc)   _____ Mon cher (Marc)   _____ (Marc)

  _____ Chère amie   _____ Chère (Anne)   _____ Ma chère (Anne)   _____ (Anne)

- La salutation initiale:

  _____ Ça me fait plaisir de...

  _____ Je suis désolé(e) de...

  _____ Je suis heureux(euse) de...

      _____ t'écrire...

      _____ te remercier (pour)...

      _____ te demander (si)...

      _____ te faire savoir (que)...

      _____ te faire comprendre (que)...

- La formule finale:

  _____ Amicalement,   _____ Toutes mes amitiés,   _____ Salut,

  _____ Bien à toi,   _____ Je t'embrasse,   _____ A bientôt,

  _____ Amitiés,

2. **L'expression des sentiments.** Choisissez l'expression verbale que vous voulez utiliser pour exprimer vos sentiments.

   - **éprouver** (+ nom)

     J'**éprouve de l'angoisse** quand je pense à...

     J'**éprouve une grande admiration** pour toi, alors je veux te dire que...

   - **ressentir** (+ nom)

     Je **ressens de la peine** en t'écrivant...

     Je **ressens de la joie,** donc je tiens à te dire que...

○ **se sentir** (+ adjectif)

  Je **me sens** très **heureux(se),** alors je t'écris pour te dire. . .

  Je **me sens blessé(e). . .**

○ **sentir que**

  Je **sens que** tu ne comprends pas. . .

  Je **sens que** notre amitié. . .

○ Pour une lettre officielle:

  J'aimerais vous dire que. . .

  Je ne pourrais pas vous dire combien je. . .

  Je voudrais vous signaler que. . .

  Il serait naïf de croire que. . .

  Il est généralement reconnu que. . .

○ Pour une lettre personnelle:

  Je veux te dire que. . .

  Je ne peux pas te dire combien je. . .

  Je ne peux pas supporter. . .

  J'en ai assez de. . .

  Je n'ose pas t'écrire. . .

3. **Les adverbes.** Pour renforcer votre message, vous pouvez ajouter des adverbes. En général ils modifient. . .

○ des verbes:

  Je **veux absolument** te dire la vérité.

○ des adjectifs:

  Vous êtes **incroyablement généreuse.**

Soulignez au moins cinq adverbes que vous voulez incorporer dans votre lettre. Vous pouvez ajouter d'autres adverbes à la liste.

honnêtement	profondément	calmement
discrètement	constamment	extrêmement
sérieusement	clairement	premièrement
admirablement	poliment	brusquement
généralement	patiemment	bien
effrontément	lentement	mal
normalement	hostilement	toujours

- ○ Créez le format de votre lettre avec la formule d'appel, la salutation initiale et la formule finale.

- ○ Après la salutation initiale, insérez une liste de trois phrases d'admiration ou d'indignation, selon le contexte de votre lettre.

- ○ Ajoutez des expressions de sentiment et les cinq adverbes que vous avez choisis.

Enregistrez ce document sous le nom de «lettre» et imprimez-le. Mettez-le dans votre dossier.

Travail modèle

Voici un extrait du roman *Les Liaisons dangereuses* écrit par Pierre Choderlos de Laclos en 1782. Ce roman est une série de lettres dans lesquelles les personnages racontent leurs sentiments et leurs passions. Dans la lettre ci-dessous, le Vicomte de Valmont écrit à la Présidente de Tourvel, une femme dont il est très amoureux. Il paraît que dans une communication précédente la Présidente (Mme de Tourvel) lui a dit qu'elle ne veut pas le voir et qu'elle est fatiguée de ses lettres. Lisez la lettre et essayez de comprendre ce que Le Vicomte veut communiquer.

Lettre LVIII
Le Vicomte de Valmont
à la Présidente de Tourvel

Par où ai-je donc mérité, Madame, et les reproches que vous me faites, et la colère que vous me témoignez? (. . .)

Mes lettres, dites-vous, sont trop fréquentes! Songez donc, je vous prie, que depuis dix jours que dure mon exil, je n'ai passé aucun moment sans m'occuper de vous, et que cependant vous n'avez reçu que deux lettres de moi. *Je ne vous y parle que de mon amour!* (. . .) Vous me menacez enfin de ne plus me répondre. Ainsi l'homme qui vous préfère à tout et qui vous respecte encore plus qu'il ne vous aime, non contente de le traiter avec rigueur, vous voulez y joindre le mépris! Et pourquoi ces menaces et ce courroux? (. . .) Savez-vous jusqu'où peut aller mon désespoir? non.

Pour calculer mes maux, il faudrait savoir à quel point je vous aime, et vous ne connaissez pas mon cœur.

Que craignez-vous, que pouvez-vous craindre d'un sentiment que vous serez toujours maîtresse de diriger à votre gré? Mais votre imagination se crée des monstres, et l'effroi qu'ils vous causent, vous l'attribuez à l'amour. Un peu de confiance, et ces fantômes disparaîtront.

Aimez, et vos craintes s'évanouiront. A la place des objets qui vous effrayent, vous trouverez un sentiment délicieux, un Amant tendre et soumis; et tous vos jours, marqués par le bonheur, ne vous laisseront d'autre regret que d'en avoir perdu quelques-uns dans l'indifférence. (. . .) Mais, je vous en supplie, que le plaisir que je trouve à vous écrire ne soit plus troublé par la crainte de vous déplaire. Je ne veux pas vous désobéir : mais je suis à vos genoux, j'y réclame le bonheur que vous voulez me ravir, le seul que vous m'avez laissé; je vous crie : écoutez mes prières, et voyez mes larmes; ah! Madame, me refuserez-vous?

De . . . ce 7 septembre 17**.

(Pierre Choderlos de Laclos, *Les Liaisons dangereuses*, Paris: [1782], extraits de Lettre LVIII)

Analyse

Avec un(e) partenaire, analysez cette lettre en complétant les activités suivantes:

A. Selon vous, qu'est-ce que le Vicomte voulait dire dans cette lettre? Indiquez toutes les phrases qui sont *vraies*.

_____ La Présidente est fâchée contre lui et menace de ne pas lui répondre.

_____ Le Vicomte n'écrit pas assez de lettres.

_____ Le Vicomte ne s'occupe pas assez de la Présidente.

_____ Le Vicomte est tourmenté par l'inattention de la Présidente.

_____ Le Vicomte respecte la Présidente énormément.

_____ La Présidente a peur d'aimer.

_____ La maîtresse voit des fantômes et des monstres.

_____ Le Vicomte pense que si la Présidente commence à aimer, elle sera heureuse.

_____ La Présidente crie et pleure.

_____ Le Vicomte veut absolument continuer à écrire à la Présidente.

B. La lettre du Vicomte à la Présidente ne suit pas les conventions que nous avons étudiées. Inventez 1) une salutation et 2) une formule finale pour cette lettre.

1. _____

2. _____

C. Cherchez les substantifs suivants dans un dictionnaire bilingue; puis trouvez l'adjectif qui correspond à chaque nom.

MODÈLE: la rigueur   _rigoureux_

1. le mépris   _____

2. le désespoir   _____

3. le monstre   _____

4. l'effroi (_m._) _____

5. la crainte   _____

6. le bonheur   _____

7. le regret   _____

8. l'indifférence (_f._) _____

D. Dans quel état d'esprit se trouve Le Vicomte de Valmont, l'auteur de cette lettre? Utilisez votre imagination pour terminer les phrases suivantes:

Il éprouve _____.

Il ressent _____.

Il sent que _____.

Il se sent _____.

E. Imaginez la réaction de la Présidente de Tourvel en recevant cette lettre. Ajoutez des adverbes aux phrases suivantes pour donner plus d'émotion. (Regardez dans la section **Outils** pour vérifier la formation et la place des adverbes.)

1. Il m'écrit.   _____

2. Il est triste.   _____

3. Il m'énerve!   _____

CRÉATION DE DOCUMENT

AU CLAVIER!

Retrouvez votre document intitulé «lettre». Vous avez déjà la formule d'appel, la salutation initiale et la formule finale ainsi que plusieurs phrases et cinq adverbes. Maintenant, écrivez votre lettre. N'oubliez pas de lier les phrases. Voilà quelques expressions pour vous inspirer.

pour commencer	pour conclure
encore mieux	encore pire
par ailleurs	en tout cas
en fait	en effet
en réalité	à vrai dire
voilà pourquoi	c'est pourquoi
bref	puisque
en plus	de plus

Enregistrez et imprimez votre première rédaction.

APERÇU AVANT IMPRESSION

Trouvez un(e) partenaire et échangez vos lettres. Ensuite, lisez la lettre de votre partenaire et complétez les activités suivantes:

○ Identifiez la forme (les formules) et le ton de la lettre.

○ Soulignez les expressions de sentiment et les adverbes.

○ Suggérez deux autres adverbes.

○ Résumez en une phrase l'idée principale de la lettre.

○ Imaginez que vous êtes le(la) destinataire de la lettre. Écrivez une phrase de réaction et deux questions que vous voulez poser à l'auteur.

○ Donnez votre réaction à votre partenaire.

Les réactions de votre partenaire: _____

_____

_____

_____

_____

_____

AU CLAVIER!

Écrivez la rédaction finale de votre lettre en considérant les suggestions faites par votre partenaire.
N'oubliez pas de signer votre lettre!

Enregistrez et imprimez votre lettre. Mettez-la dans votre dossier.

ÉVALUATION

Mise en place: Le format de la lettre, trois phrases, des adverbes

Sans fautes	Peu de fautes	Moyen	Passable	Inacceptable
5	4	3	2	1

Total _____ /5

Création de document:

Organisation   1   2

Usage des expressions   1   2

Clarté des idées   1   2   3   Total _____ /7

Rédaction finale:

Titre   1

Créativité   1   2

Organisation   1   2   3

Contenu   1   2   3

Grammaire   1   2   3   4   Total _____ /13

Total _____ / 25

Remarques de l'écrivain:

Remarques du (des) collègue(s):

Remarques du professeur:

Les adverbes

1. In general, there are three categories of adverbs in French.

    ○   The first category includes adverbs of manner, describing *how:*

    Elle parle **lentement.**

    Ils agissent **honnêtement.**

    ○   The second category includes adverbs of *quantity*:

    beaucoup, plus, trop, assez, moins, très, peu

    Louis mange **trop.**

    ○   The third category includes adverbs of *time and place*:

    aujourd'hui, hier, demain, maintenant, toujours, souvent, parfois

    Je pars **maintenant.**

La formation des adverbes

1. In French, most adverbs are formed by adding **-ment** to the feminine form of the adjective:

masculine form of adjective	*feminine form of adjective*	*adverb*
lent	lente	lentement
heureux	heureuse	heureusement
franc	franche	franchement

2. Some adverbs end in **-ément:**

masculine form of adjective	*adverb*
profond	profondément
énorme	énormément
précis	précisément

3. For adjectives ending in **-ent** or **-ant,** drop the ending and add **-emment** or **-amment** as follows:

masculine form of adjective	*adverb*
innocent	innocemment
décent	décemment
bruyant	bruyamment
élégant	élégamment

4. Some adverbes are irregular:

masculine form of adjective	*adverb*
bon	bien
mauvais	mal
gentil	gentiment
bref	brièvement

La place des adverbes

1. In general the adverb comes after the verb it modifies:

    Il étudie **diligemment** pour réussir à son examen.

2. With compound tenses (*passé composé, plus-que-parfait, etc.*), a short adverb (one or two syllables) generally follows the auxiliary verb:

    Elle a **bien** compris l'histoire que je lui ai racontée.

3. However, with longer adverbs (more than two syllables) the adverb follows the past participle:

    Ils ont réagi **courageusement** quand ils ont entendu les mauvaises nouvelles.

4. Certain adverbs of time and place can be placed at the beginning or end of the sentence:

    Aujourd'hui nous allons résoudre nos problèmes.

    Nous allons résoudre nos problèmes **aujourd'hui.**

 À vous

A. Change the following adjectives to adverbs:

1.   naïf   _____

2.   sec   _____

3.   relatif   _____

4.   dernier   _____

5.   consciencieux   _____

6.   bête   _____

7.   autre   _____

8.   actif   _____

9.   fou   _____

10. intelligent   _____

B. Add adverbs to the following sentences to make them more descriptive.

1. Il chante.

   _____

2. Ils se disputent.

   _____

3. J'ai cherché une solution au problème.

   _____

4. Vous arrivez en retard.

   _____

5. Elles parlent, mais elles sont indiscrètes.

   _____

6. Tu as lu la lettre et tu es triste.

   _____

In Fichier 4 you will write about an event that changed you in some way. Perhaps it was meeting someone, a particularly inspiring class or professor, moving to a new place, the birth of a sister or brother, taking a trip to another country, or losing someone you cared about. You might think of how such an event transformed, if only a little, the way you thought about life. As you write about this moment of realization or transformation (prise de conscience), you will need to organize the events and select the elements you wish to emphasize in order to engage your reader. In addition, you will learn how to sequence events and narrate in the past.

The model text in this Fichier is a series of excerpts from a short story entitled Ma grand-mère toute-puissante. *Written by Gabrielle Roy, a Canadian author, this story tells of young girl's visit to her stern grandmother who lives in Manitoba. Bored by the long hours and the vast empty spaces of the prairie, the girl complains openly. However, the girl's discovery of her grandmother's creativity and resourcefulness dramatically changes their relationship.*

Fichier

Fichier 4
RACONTER UN ÉVÉNEMENT

DÉMARRAGE

Vous allez raconter les détails d'un événement qui vous a marqué de quelque façon. De quoi est-ce qu'il s'agissait? De qui? Où étiez-vous? Quelle était votre réaction? Pour décrire votre prise de conscience, vous allez en établir le contexte et ensuite sélectionner les faits et les détails qui mettent en valeur l'idée principale.

TRAITEMENT DU SUJET

Réflexion

Complétez les activités suivantes pour commencer à formuler vos pensées.

1. De la liste suivante, choisissez le contexte qui s'applique à votre histoire:

    _____ la naissance de quelqu'un

    _____ la mort de quelqu'un

    _____ un accident

    _____ une rencontre inattendue

    _____ un voyage

    _____ un déménagement

    _____ un cours

    _____ autre (expliquez) _____

2. Étiez-vous seul(e)? Y avait-il quelqu'un qui a joué un rôle important? Notez les personnages principaux:

_____

_____

_____

3. Indiquez où vous étiez:

_____ à la maison   _____ chez des amis

_____ à l'école   _____ à l'université

_____ chez le médecin   _____ chez le coiffeur

_____ chez le garagiste   _____ au supermarché

_____ dans le jardin   _____ à la campagne

_____ à la montagne   _____ à la plage

_____ autre _____

4. Soulignez trois verbes qui sont essentiels à votre histoire. Ajoutez encore trois verbes. Puis, écrivez trois phrases en vous servant de ces verbes.

aller (à)	danser	réagir
apprendre	se disputer	se rendre compte
bavarder	dormir	sentir
chanter	avoir lieu	se souvenir de
chercher	avoir peur de	surprendre
être content(e) de	se promener	voir

_____   _____   _____

_____

_____

_____

_____

_____

_____

Discussion

1. Trouvez un(e) partenaire et demandez-lui de raconter l'événement qui l'a tant marqué. Puis posez-lui des questions sur le contexte de son histoire. Ensuite, changez de rôles. Servez-vous des questions suivantes pour guider la discussion:

    ○ Où étais-tu?

    ○ Avec qui étais-tu?

    ○ Quand est-ce que l'incident est arrivé?

    ○ Qu'est-ce qui s'est passé exactement?

    ○ Quel était l'ordre des événements?

2. Après votre discussion, écrivez trois phrases pour résumer l'événement de votre partenaire.

    _____

    _____

    _____

    _____

    _____

    _____

Mise en place

1. **Le moment.**   Situez le moment où votre histoire a eu lieu:

un an	un jour	un soir
l'an dernier	il y a _____ ans	_____

2. **Le lieu.**   Indiquez où vous étiez:

    _____

3. **La saison.**   Soulignez la saison qui figure dans votre histoire.

    en hiver / l'hiver

    au printemps / le printemps

    en été / l'été

    en automne / l'automne

4. **Le temps.**   Décrivez un peu le temps en soulignant trois expressions de la liste suivante:

il faisait froid / chaud / frais / beau / mauvais

il pleuvait (à verse)

il neigeait

il faisait du vent / du soleil

le ciel était nuageux / clair

D'autres mots possibles:

le froid	la chaleur	le brouillard
la neige	la pluie	le soleil
la lune	les étoiles (*f.*)	l'orage (*m.*)

5. **Le développement.**   Soulignez deux expressions qui peuvent vous aider à développer votre histoire. Notez la différence entre le discours direct et le discours rapporté:

J'ai vu ma grand-mère **aujourd'hui.**

J'ai vu ma grand-mère **ce jour-là.**

L'accident a eu lieu **hier.**

L'accident a eu lieu **la veille.**

discours direct	*discours rapporté*
aujourd'hui	ce jour-là
hier	la veille
hier soir	ce soir-là
hier matin	ce matin-là
avant-hier	le jour précédent
demain	le lendemain

6. **La réaction.**   Soulignez deux expressions que vous pouvez utiliser pour décrire votre réaction à l'événement choisi.

Je pensais. . .

Je croyais. . .

J'avais l'impression que. . .

J'avais l'intention de. . .

Je voulais. . .

J'étais persuadé(e) / convaincu(e) que. . .

 AU CLAVIER!

- ○ Commencez votre essai en écrivant une phrase d'introduction.
- ○ Écrivez plusieurs phrases pour indiquer l'endroit, la saison et le temps.
- ○ Écrivez deux phrases en utilisant le discours rapporté.
- ○ Ecrivez deux phrases complètes pour décrire votre état d'esprit.

Enregistrez ce document sous le nom «raconter» et imprimez-le. Mettez-le dans votre dossier.

Travail modèle

Le texte suivant est adapté d'une nouvelle de Gabrielle Roy (1909–1983), intitulée *Ma grand-mère toute-puissante.* Dans cette histoire autobiographique, Roy, une femme écrivain canadienne, raconte le séjour d'une petite fille chez sa grand-mère au Manitoba. Comment est-ce que la fille a été changée par le travail de création de la grand-mère? (Notez l'usage du canadianisme «catin» qui signifie «poupée».)

J'avais six ans lorsque ma mère m'envoya passer une partie de l'été chez ma grand-mère dans son village au Manitoba.

Je n'y allai pas sans regimber un peu. Cette grande vieille me faisait peur. Elle passait pour tant aimer l'ordre, la propreté et la discipline qu'il devenait impossible dans sa maison de laisser traîner la moindre petite chose. Chez elle, à ce qu'il paraissait, c'était toujours : «Ramasse ceci, serre tes affaires, il faut se former jeune», et autres histoires de ce genre. (...)

Malgré tout, elle devait souffrir d'ennui, puisque c'était d'elle que venait l'idée de m'inviter. «Tu m'enverras la petite chétive», avait-elle écrit dans une lettre que ma mère me montra pour bien me convaincre que je serais chez grand-mère la bienvenue.

Cette «petite chétive» déjà ne me disposait pas si bien que cela envers grand-mère; aussi est-ce dans une attitude d'esprit plus ou moins hostile que je débarquai chez elle un jour de juillet. Je le lui dis du reste dès que je mis le pied dans sa maison.

—Je vais m'ennuyer ici, c'est certain, c'est écrit dans le ciel. (...)

Le village était petit, et la maison de grand-mère se tenait tout au bout; comme la mer, de tous côtés la plaine nous cernait, sauf à l'est où l'on apercevait quelques autres petites maisons de planches qui nous tenaient lieu de compagnes dans ce qui m'apparaissait un voyage effarant. Car, dans cette immobilité de la plaine, on peut avoir l'impression d'être entraîné en une sorte de traversée d'un infini pays monotone, toujours pareil à lui-même.

Tout à coup, un jour, ne comprenant rien à ma peine, ne sachant surtout pas d'où elle me venait, je me mis à pousser de grandes plaintes:

—Oh, que je m'ennuie, que je m'ennuie, que je m'ennuie! (...)

Ne sachant plus que tenter pour me distraire, me consoler, m'ayant vainement offert à manger tout ce qu'elle pouvait avoir de si bon à la maison, elle finit par dire:

—Si tu cesses de lirer, je vais te faire une «catin».

Du coup mes pleurs cessèrent. (...)

—Va, dit-elle, me chercher au grenier mon grand sac de retailles. (...)

Grand-mère y puisa des bouts d'étoffes multicolores (...) je reconnaissais, comme en ses couvre-pieds, des restants d'une robe d'une de mes sœurs, d'un corsage de maman, d'une de mes robes et d'un tablier dont je ne me rappelais plus à qui il appartenait. C'était plaisant de pouvoir rattacher tant de souvenirs à ces retailles. Grand-mère finit par trouver un morceau de blanc. Elle le coupa en diverses pièces, dont elle fit des espèces de petits sacs d'allure différent, un pour le tronc, d'autres pour les bras et les jambes. (...) Bientôt ma grand-mère eut cousu ensemble les membres pleins d'avoine, et j'eus sous les yeux une petite forme humaine assez bien faite, avec des pieds, des mains et une tête un peu plate au sommet. (...) Grand-mère, après avoir confectionné une belle perruque de cheveux jaunes, la frisa en ondulations à son fer chauffé au-dessus de la lampe et ensuite en couvrit la tête de ma «catin».

Je ne pouvais plus cacher mon émerveillement. (...)

La nuit venait. Grand-mère me fit allumer une lampe et l'apporter tout près d'elle. Ni l'une ni l'autre ne songions au repas du soir.

—Lui as-tu trouvé un nom? Me demanda-t-elle en me regardant sous ses lunettes.

C'étaient d'anciennes lunettes cerclées de fer.

—Oui, Anastasie.

—Ah, fit-elle, et je sus que le nom lui plaisait. (...)

Tout ce temps, ma poupée avançait. Elle n'avait pour ainsi dire plus besoin de rien, mais, trop bien lancée, ma grand-mère ne pouvait sans doute plus s'arrêter. Dans du drap noir, elle tailla une pèlerine de voyage, puis—une chose appelant l'autre—avec de la colle et du carton se mit en frais de lui faire une petite valise à laquelle elle cousit une minuscule poignée que je glissai à la main d'Anastasie. (...)

Elle ronchonnait encore de la sorte que je dormais à demi, appuyée à ses genoux, ma «catin» dans les bras, et voyais ma grand-mère arriver en colère au Paradis. Dans mon rêve, Dieu le Père, à la grande barbe et à l'air courroucé, céda la place à grand-maman aux yeux fins, rusés et clairvoyants. C'était elle qui, assise dans les nuages, dès lors prenait soin du monde, édictait de sages et justes lois. Or le pauvre monde sur terre s'en trouvait bien.

Longtemps il me resta dans l'idée que ce ne pouvait être un homme sûrement qui eût fait le monde. Mais, peut-être, une vieille femme aux mains extrêmement habiles.

(Gabrielle Roy, La Route d'Altamont [Montreal: Boréal, 1993],

extraits du récit «Ma grand-mère toute-puissante»)

Analyse

Avec un(e) partenaire, étudiez le passage de plus près en complétant les exercices suivants:

A. Dans cet extrait l'auteur utilise le *passé simple,* un temps littéraire qui correspond au *passé composé.* En vous servant des infinitifs entre parenthèses, transformez les phrases suivantes du passé simple au passé composé. (Vérifiez la formation du passé composé dans la section **Outils.**)

MODÈLE: (aller)   Je n'y allai pas sans regimber (= résister).

Je n'y suis pas allée sans regimber.

1. (montrer)   Ma mère me montra la lettre.

   _____

2. (débarquer)   Je débarquai chez elle un jour de juillet.

   _____

3. (dire / mettre)   Je le lui dis dès que je mis le pied dans sa maison.

   _____

   _____

4. (se mettre)   Je me mis à pousser de grandes plaintes.

   _____

5. (finir)   Elle finit par dire: «Si tu cesses de lirer, je vais te faire une ‹catin› ».

   _____

6. (cesser)   Mes pleurs cessèrent.

   _____

7. (puiser)   Grand-mère puisa dans son sac de retailles.

   _____

8. (finir / couper)   Elle finit par trouver un morceau de blanc qu'elle coupa en diverses
   pièces.

   _____

9. (faire)   Elle fit des sacs pour le tronc, les bras et les jambes.

   _____

10. (avoir)   J'eus sous les yeux une petite forme humaine.

    _____

11. (friser / couvrir)   Elle la frisa en ondulations et en couvrit la tête de ma «catin».

    _____

    _____

12. (demander)   Elle me demanda si j'avais trouvé un nom pour ma poupée.

    _____

13. (savoir)   Je sus que le nom lui plaisait.

    _____

14. (tailler)   Elle tailla une pèlerine de voyage.

    _____

15. (coudre / glisser)   Elle cousit une poignée que je glissai à la main d'Anastasie.

    _____

    _____

16. (céder)   Dans mon rêve, Dieu céda la place à grand-maman.

    _____

17. (rester) Il me resta dans l'idée que ce n'etait pas un homme qui avait fait le monde.

    _____

B. Le passé composé (ou le passé simple) raconte *l'action* du récit. L'imparfait est utilisé pour faire *la description*. Soulignez tous les verbes à l'imparfait dans ce texte, puis notez quelques détails de la description de la grand-mère et de la description du village. (Vérifiez la formation de l'imparfait et la distinction entre le passé composé et l'imparfait dans la section **Outils.**)

1. la grand-mère:

_____

_____

_____

_____

_____

2. le village:

_____

_____

_____

_____

_____

C. Répondez aux questions suivantes pour analyser d'autres éléments de l'histoire:

1. **Le moment.** Quand est-ce que cet événement a eu lieu? _____

_____

_____

2. **Le lieu.** Notez le(s) endroit(s) mentionné(s) dans le récit: _____

_____

_____

3. **Le développement.** Notez l'ordre des événements. Que se passe-t-il au début, au milieu et à la fin du récit?

D'abord, _____

_____

Ensuite, _____

_____

À la fin de l'histoire _____

_____

4. **La réaction de la narratrice.** Vers la fin de l'histoire, la petite fille a une réaction positive envers sa grand-mère. Notez l'expression qui exprime sa réaction.

_____

_____

5. **La prise de conscience.** À la fin, la petite fille rêve de sa grand-mère au paradis. Puis, elle décrit une prise de conscience. Soulignez la phrase qui indique cette prise de conscience. Comment est-ce que son image de Dieu a changé?

_____

_____

_____

_____

_____

CRÉATION DE DOCUMENT

AU CLAVIER!

Retrouvez votre document intitulé «raconter». Organisez les phrases que vous avez déjà écrites pour créer une suite logique. Vérifiez que votre récit comprend les éléments suivants:

- ○ Introduction
- ○ Développement
- ○ Réaction
- ○ Prise de conscience
- ○ Conclusion

Rappelez-vous que l'ordre de ces éléments peut varier selon votre propre style!

Enregistrez et imprimez votre première rédaction. Mettez-la dans votre dossier.

APERÇU AVANT IMPRESSION

Retrouvez le(la) partenaire avec qui vous avez déjà travaillé. Échangez vos essais. Lisez son récit et ensuite complétez les activités suivantes:

- ○ Marquez les différentes sections avec des crochets [...]. Indiquez s'il s'agit de l'introduction, «int»; du développement, «dév»; de votre réaction, «réac»; de la prise de conscience, «pdc»; ou de la conclusion, «concl».
- ○ Mettez un ! devant les expressions ou les passages qui vous semblent bien écrits.
- ○ Mettez un ? quand vous ne comprenez pas bien.
- ○ Suggérez comment votre partenaire peut mieux expliquer sa prise de conscience.
- ○ Rendez-lui sa composition.

_____

_____

_____

_____

AU CLAVIER!

Écrivez votre rédaction finale en considérant les commentaires de votre partenaire. N'oubliez pas de mettre un titre!

Enregistrez et imprimez votre composition. Mettez-la dans votre dossier.

ÉVALUATION

Mise en place: Une phrase d'introduction, 10 phrases avec les expressions

Sans fautes	Peu de fautes	Moyen	Passable	Inacceptable
5	4	3	2	1

Total _____ /5

Création de document:

Organisation	1	2		
Usage des expressions	1	2		
Clarté des idées	1	2	3	Total _____ /7

Rédaction finale:

Titre	1				
Créativité	1	2			
Organisation	1	2	3		
Contenu	1	2	3		
Grammaire	1	2	3	4	Total _____ /13

Total _____ /25

Remarques de l'écrivain:

Remarques du (des) collègue(s):

Remarques du professeur:

OUTILS

Le passé composé

1. In French, the *passé composé* is just that, a "composed past" made up of two elements. The first element is the auxiliary verb, either **avoir** or **être,** in the present. The auxiliary verb is followed by the past participle:

    J'ai remarqué son attitude bizarre.

    L'année dernière, elle **a passé** ses vacances en Inde.

avoir			
j'	ai	nous	avons
tu	as	vous	avez
il/elle/on	a	ils/elles	ont

être			
je	suis	nous	sommes
tu	es	vous	êtes
il/elle/on	est	ils/elles	sont

2. Most verbs are conjugated with **avoir,** with the formation of the past participle as follows:

    -er verbs: (parler)   parl + **é**

    -ir verbs: (choisir)   chois + **i**

    -re verbs: (attendre)   attend + **u**

3. Some verbs have irregular past participles:

avoir — **eu**	offrir — **offert**
boire — **bu**	pouvoir — **pu**
coudre — **cousu**	prendre — **pris**
couvrir — **couvert**	rire — **ri**
devoir — **dû**	savoir — **su**
dire — **dit**	souffrir — **souffert**
écrire — **écrit**	suivre — **suivi**
être — **été**	tenir — **tenu**
faire — **fait**	venir — **venu**
lire — **lu**	vivre — **vécu**
mettre — **mis**	voir — **vu**
mourir — **mort**	vouloir — **voulu**
naître — **né**	

4. Certain verbs take **être** as the auxiliary verb:

> aller
>
> arriver
>
> descendre*
>
> entrer
>
> monter*
>
> mourir
>
> naître
>
> partir
>
> passer*
>
> rentrer*
>
> retourner*
>
> sortir*
>
> tomber
>
> venir (devenir, revenir)

> * These verbs may be conjugated with **avoir** (with an object) or **être,** depending on the sense.

Ils **sont montés.**	Ils **ont monté les valises** dans la chambre.
Elles **sont passées** par le supermarché.	Elles **ont passé leurs vacances** à la plage.

5. Pronominal verbs such as **se lever, se coucher, s'habiller,** etc. also take **être** as the auxiliary verb.

> Elle **s'est habillée.**
>
> Nous **nous sommes promenés.**

6. If the verb is conjugated with **être,** agreement must be made with the subject (except pronominal verbs that agree with the preceding direct object):

> **Notre amie** est **allée** au cinéma. **Nous** sommes **allés** avec elle.
>
> **Ils** se sont **couchés** tard hier soir.

7. For verbs conjugated with **avoir,** normally no agreement is made. However, if the verb is preceded by a direct object, agreement is made with the object:

> Où sont nos **amis?** —Je les ai vus au cinéma.
>
> Les **lettres** que tu as envoyées étaient très bien écrites.
>
> Quelles **questions** a-t-il posées?

À vous

A. Complete the sentences by putting the verbs in parentheses in the *passé composé*. Make sure the past participle agrees when necessary.

1. Je _____ (comprendre) son hésitation.

2. Nous _____ (aller) en Provence pendant le mois d'août.

3. Il _____ (sortir) les valises du train.

4. Elle était en train d'étudier quand le téléphone _____ (sonner).

5. Aimez-vous les fleurs que je vous _____ (offrir)?

6. Quels problèmes _____-vous _____ (discuter)?

L'imparfait

1. In French, the *imparfait* is formed by taking off the **-ons** of the first-person plural of the present indicative and adding the following endings:

    -er verbs: nous parl**ons** → parl- +

    -ir verbs: nous finiss**ons** → finiss- +   **ais, ais, ait, ions, iez, aient**

    -re verbs: nous rend**ons** → rend- +

2. The verb **être** is irregular:

être			
j' étais		nous	étions
tu étais		vous	étiez
il/elle/on était		ils/elles	étaient

3. In general, the *imparfait* is used to describe a scene, a habitual action, or a state of mind in the past.

    La maison **était** petite mais il y **avait** toujours beaucoup de monde.

    Je **jouais** tous les jours dans le jardin de cette maison.

    Je **détestais** les haricots verts quand j'**étais** enfant.

4. Several verbs are used frequently in the *imparfait* because they are descriptive by nature:

être	avoir
aimer	détester
pouvoir	vouloir
penser	croire

À vous

B. Complete the sentences by putting the verbs in parentheses in the *imparfait*.

1. Elle ne _____ (suivre) pas les conseils de ses parents.

2. Nous _____ (proposer) souvent des réformes.

3. On m'a dit que vous _____ (préférer) jouer avec les filles!

4. Les enfants _____ (aller) à l'école à pied.

5. Vous _____ (s'amuser) à travailler dans le jardin.

6. Je _____ (se rappeler) la maison où j'_____ (habiter) quand j'_____ (être) jeune.

Le passé composé et l'imparfait

1. The *passé composé* is used for actions in the past that are completed; in a story it moves the story line along. In the following sentences, notice the series of actions telling of an encounter with a bear.

   > Je **me suis promenée** dans la forêt.
   >
   > J'**ai vu** un grand ours.
   >
   > J'**ai crié**.
   >
   > L'ours **est parti**.

2. The *imparfait* is used for description in the past; it serves as the background information. In these next sentences, notice the description of the weather and how the narrator felt.

   > J'**étais** contente.
   >
   > Il **faisait** beau.
   >
   > J'**avais** très peur.

3. Now analyze how the actions and the descriptions can be put together to form a very short story:

   > Il **faisait** beau et je **me suis promenée** dans la forêt. J'**étais** contente d'être seule. Soudain, j'**ai vu** un grand ours. J'**avais** très peur, alors j'**ai crié**. Heureusement, l'ours **est parti**.

<u>À vous</u>

C. Using the following elements, write a short story about unexpectedly meeting a friend while visiting Paris. Use both the *passé composé* and the *imparfait*.

aller à Paris	voir un ami dans la rue	prendre l'avion
pleuvoir	dîner avec mon ami	s'amuser
être surpris(e)	aimer Paris	vouloir visiter le Louvre

_____

_____

_____

_____

_____

_____

_____

_____

_____

<u>_____</u>

NOTES

NOTES

In Fichier 5 you will explain an idea or a concept. Imagine explaining "freedom" or "love." How would you undertake this task in writing? Would you try to define the concept? If so, what examples would you give to illustrate your definition? Or would you illustrate the concept by telling a story? Explaining can be similar to telling a story in that you must choose pertinent details that will highlight the issue. Ultimately, your goal is to make the reader understand your explanation, although he/she may not necessarily agree with it.

The model text in this Fichier is a paragraph from Albert Camus's well-known novel, L'Étranger, written in 1942. In this work, the main character, Meursault, is indifferent, detached, and passive. One hot day, on a beach, he kills a man for reasons that are unclear to himself and others. While Meursault is in prison, he describes various experiences during his trial; in court he sees his fiancée, Marie, and watches the crowd grow increasingly hostile toward him. Through Meursault's character, Camus presents some aspects of his existential philosophy. In this excerpt the reader confronts a somewhat unusual explanation of the human condition. You will analyze this explanation and choose an idea that you consider important to explain.

Fichier 5
EXPLIQUER UNE IDÉE

DÉMARRAGE

Vous allez trouver un sujet qui vous intéresse, et puis vous allez l'expliquer. Une explication est semblable à une définition. Souvent une idée se comprend mieux quand elle est illustrée par une histoire. Par exemple, si on vous demande d'expliquer **l'angoisse** (*anxiety*), vous pourrez illustrer votre idée par une histoire dans laquelle vous racontez un moment angoissant ou une situation qui provoque souvent un sentiment d'angoisse. Dans cet essai vous ne chercherez pas à convaincre votre lecteur; plutôt, vous allez expliquer et illustrer votre idée.

TRAITEMENT DU SUJET

Réflexion

Complétez les activités ci-dessous pour commencer à formuler vos pensées.

1. Indiquez les sujets qui vous intéressent:

_____ le mal	_____ le bien
_____ la démocratie	_____ la justice
_____ la santé	_____ la liberté
_____ l'amitié	_____ la punition
_____ l'humour	_____ la bonté
_____ l'amour	_____ l'enfance
_____ l'éducation	_____ la vieillesse

_____ la responsabilité	_____ le patriotisme
_____ la nature	_____ la fidelité
_____ l'art	_____ la musique
_____ la loyauté	_____ la religion
_____ la politique	_____ le désespoir
_____ être une femme	_____ être un homme

2.   Ajoutez trois autres possibilités:

_____

_____

_____

Discussion

1.   Trouvez deux collègues qui ont choisi des sujets différents des vôtres. Par groupes de trois, discutez les sujets que vous avez choisis. Organisez votre discussion selon les activités suivantes:

  ○   Sur une feuille de papier, écrivez le sujet qui vous semble le plus intéressant.

  ○   Échangez vos papiers. Sur la feuille de votre premier(ère) collègue, écrivez trois mots que vous associez au sujet.

  ○   Passez le papier au deuxième collègue et écrivez encore trois mots que vous associez à ce sujet.

  ○   Reprenez votre travail. Puis demandez à vos deux collègues d'expliquer les trois mots ou expressions qu'ils/elles ont écrits.

2.   Notez les mots et les remarques de vos collègues.

_____

_____

_____

_____

_____

_____

_____

_____

Mise en place

1. **Le commencement.** Regardez les mots ou expressions que vos collègues vous ont donnés. Ajoutez encore trois ou quatre mots.

_____

_____

_____

_____

○ Soulignez trois expressions que vous voulez utiliser pour commencer votre composition.

Je cherche à expliquer. . .	Je voudrais décrire. . .
J'imagine. . .	Je suppose. . .
Je tiens à attirer l'attention sur. . .	Comprenez-moi bien. . .
Ce que je veux dire, c'est que. . .	Je veux dire par là que. . .
Il s'agit de. . .	Il ne s'agit pas de. . .

2. **Les exemples.** Soulignez cinq expressions qui pourraient illustrer votre propos.

pour être plus précis	plus précisément
pour illustrer ceci	par exemple
bref	en un mot
de même	aussi
d'ailleurs	de toute façon
à cet égard	à ce propos
ajoutons à cela	à cela s'ajoute
donc	ainsi
autrement dit	c'est-à-dire

3. **La conclusion.** Soulignez deux expressions pour terminer votre composition.

Ceci signifie que	En somme
Simplement	En fin de compte
Tout cela pour vous dire que	

○ Écrivez toutes les expressions que vous avez choisies.

○ Puis, pour chaque expression, écrivez une phrase.

○ Écrivez une phrase qui résume votre définition du sujet. L'organisation de vos phrases n'est pas importante.

Enregistrez ce document sous le nom de «explication» et imprimez-le. Mettez-le dans votre dossier.

Travail modèle

Voici un extrait du roman *L'Étranger,* écrit par Albert Camus en 1942. Le narrateur dans ce roman a tué un homme et il est en prison. Dans cet extrait il imagine sa vie passée d'homme libre quand il pouvait faire ce qu'il voulait. Il raconte ses pensées de prisonnier et enfin il exprime une philosophie.

Au début de ma détention, pourtant, ce qui a été le plus dur, c'est que j'avais des pensées d'homme libre. Par exemple, l'envie me prenait d'être sur une plage et de descendre vers la mer. À imaginer le bruit des premières vagues sous la plante de mes pieds, l'entrée du corps dans l'eau et la délivrance que j'y trouvais, je sentais tout d'un coup combien les murs de ma prison étaient rapprochés. Mais cela dura quelques mois. Ensuite, je n'avais que des pensées de prisonnier. J'attendais la promenade quotidienne que je faisais dans la cour ou la visite de mon avocat. Je m'arrangeais très bien avec le reste de mon temps. J'ai souvent pensé alors que si l'on m'avait fait vivre dans un tronc d'arbre sec, sans autre occupation que de regarder la fleur du ciel au-dessus de ma tête, je m'y serais peu à peu habitué. J'aurais attendu des passages d'oiseaux ou des rencontres de nuages comme j'attendais ici les curieuses cravates de mon avocat et comme, dans un autre monde, je patientais jusqu'au samedi pour étreindre le corps de Marie. Or, à bien réfléchir, je n'étais pas dans un arbre sec. Il y avait plus malheureux que moi. C'était d'ailleurs une idée de maman, et elle le répétait souvent, qu'on finissait par s'habituer à tout.

(Albert Camus, *L'Étranger* [Paris: Gallimard, Collection Folio, 1997])

Analyse

Avec un(e) partenaire, analysez l'extrait de Camus en complétant les activités suivantes:

A. Cherchez ces mots dans un dictionnaire bilingue; puis essayez de traduire en anglais l'expression qui suit chaque mot.

　　1.　l'envie _____

　　　　l'envie me prenait _____

　　2.　la plante _____

　　　　la plante de mes pieds _____

　　3.　rapproché _____

　　　　les murs de ma prison étaient rapprochés _____

　　　　_____

　　4.　la cour _____

　　　　la promenade quotidienne que je faisais dans la cour _____

　　　　_____

5. s'arranger _____

   je m'arrangeais très bien avec le reste de mon temps _____

   _____

6. un tronc _____

   un tronc d'arbre sec _____

7. au-dessus _____

   regarder la fleur du ciel au-dessus de ma tête _____

   _____

8. s'habituer _____

   je m'y serais peu à peu habitué _____

   _____

9. patienter _____

   je patientais jusqu'au samedi _____

10. étreindre _____

    étreindre le corps de Marie _____

B. L'extrait se divise en trois parties: la première partie commence par **au début,** la deuxième partie commence par **ensuite,** et la troisième partie commence par **or.** Choisissez deux mots ou expressions de chaque partie qui semblent essentiels.

au début

1. _____

2. _____

ensuite

1. _____

2. _____

or

1. _____

2. _____

C. Selon vous, qu'est-ce que Camus voulait expliquer dans cet extrait?

_____ On s'habitue à tout.

_____ La liberté se trouve dans les souvenirs.

_____ La liberté n'existe pas.

D. Trouvez un titre pour cet extrait.

_____

CRÉATION DE DOCUMENT

AU CLAVIER!

○ Retrouvez votre document intitulé «explication». En vous servant des expressions ci-dessous, ajoutez une expérience personnelle qui illustre votre explication. (Consultez la section **Outils** pour voir la formation des verbes pronominaux.)

Je me rappelle (que)

Je me souviens (de) (que)

Je m'imagine (que)

Je m'amuse (à)

○ Relisez ce que vous avez déjà écrit. Choisissez les phrases que vous voulez utiliser, puis organisez-les pour créer une suite logique.

Enregistrez et imprimez votre première rédaction. Mettez-la dans votre dossier.

APERÇU AVANT IMPRESSION

Retrouvez les deux collègues avec lesquels vous avez travaillé pendant la discussion. Échangez vos compositions. Lisez d'abord la composition d'un collègue, puis celle de l'autre. Faites les activités suivantes avec les deux compositions.

- Mettez un ***** devant cinq mots ou expressions qui ont besoin de plus de clarification.
- Mettez un **?** devant trois mots ou expressions que vous ne comprenez pas bien.
- Mettez un **!** devant cinq mots ou expressions que vous trouvez excellents.
- Proposez un titre.

AU CLAVIER!

Écrivez la rédaction finale de votre composition en considérant les signes indiqués par vos collègues. N'oubliez pas de mettre un titre!

Enregistrez et imprimez votre composition. Mettez-la dans votre dossier.

ÉVALUATION

Mise en place: Une phrase d'introduction, 7–10 phrases avec les expressions

Sans fautes	Peu de fautes	Moyen	Passable	Inacceptable
5	4	3	2	1

Total _____ /5

Création de document:

Organisation	1 2	
Usage des expressions	1 2	
Clarté des idées	1 2 3	Total _____ /7

Rédaction finale:

Titre	1	
Créativité	1 2	
Organisation	1 2 3	
Contenu	1 2 3	
Grammaire	1 2 3 4	Total _____ /13

Total _____ /25

Remarques de l'écrivain:

Remarques du (des) collègue(s):

Remarques du professeur:

Le plus-que-parfait

1. The *plus-que-parfait* is used to indicate an action which took place before another in the past. It can be translated as *had done, had seen, had left,* etc.

    > J'**étais déjà** sorti quand vous m'avez téléphoné.

    > Tu m'as dit qu'il **avait reçu** son diplôme en mai.

2. The *plus-que-parfait* is composed of the imperfect form (see **Outils, Fichier 4**) of the auxiliary verb **avoir** or **être** and the past participle.

avoir		
j' avais	nous	avions
tu avais	vous	aviez
il/elle/on avait	ils/elles	avaient

être		
j' étais	nous	étions
tu étais	vous	étiez
il/elle/on était	ils/elles	étaient

Note: The rules for agreement of the past participle are the same as for the *passé composé.*

 À vous

A. Complete the sentences by putting the verbs in parentheses in the *plus-que-parfait.* Remember to make the necessary agreements.

1. Elle _____ (quitter) la maison avant mon arrivée.

2. Ils ont vu le film dont j'_____ (parler) la semaine dernière.

3. Elle _____ (aller) au supermarché quand ses amis sont arrivés.

4. Vous avez trouvé la lettre que je vous _____ (envoyer)?

Les pronoms relatifs *qui* et *que*

1. Simple vs. complex sentences
    Simple sentences generally have a subject, a verb, and an object.

    > Le prisonnier regarde le ciel.

    Other elements such as adjectives or adverbs can be added, but the sentence is still considered a simple sentence.

    > Le jeune prisonnier regarde silencieusement le ciel.

Simple sentences can be informative and descriptive; however, a writer should avoid too many simple sentences in succession. Complex sentences are made up of several simple sentences. Note that the complex sentence in the example below has two simple sentences linked by **et.**

Le jeune prisonnier regarde silencieusement le ciel **et** il pense à son amie Marie.

There are many other words one can use to link sentences, such as **mais, alors, donc,** or **pourtant.**

2. **Qui**
Complex sentences often include a dependent clause introduced by a relative pronoun. Note how the relative pronoun **qui** is used in the following examples.

le jeune homme regarde le ciel (*independent clause*)

qui est en prison (*dependent clause*)

Le jeune homme qui est en prison regarde le ciel. (*complex sentence*)

The relative pronoun **qui** is the subject of the dependent clause. It follows **homme,** the word it refers to.

3. **Que**
The relative pronoun **que** is the object of the dependent clause. Note how it is used in the following examples.

le jeune homme est en prison (*independent clause*)

que Marie connaît (*dependent clause*)

Le jeune homme que Marie connaît est en prison. (*complex sentence*)

The relative pronoun **que** follows **homme,** the word it refers to.

4. **Qui** and **que**
The relative pronouns **qui** and **que** can refer to both **people** and **things.**

qui: J'ai lu une histoire qui était très intéressante.

J'ai vu une femme qui était très triste.

que: L'homme que Marie aimait était prisonnier.

Le prisonnier attendait la promenade qu'il faisait tous les jours.

 À vous

B.   Use your imagination to complete these sentences.

1.   Mon ami(e) est une personne qui _____

_____

2. Mon ami(e) est une personne que _____

_____

3. L'ordinateur est une machine qui _____

_____

4. L'ordinateur est une machine que _____

_____

Quelques verbes pronominaux à sens idiomatique

1. Pronominal, or reflexive, verbs are conjugated with reflexive pronouns: **me, te, se, nous, vous, se.** These pronouns correspond to the English **myself, yourself, himself, herself, ourselves, yourselves, themselves.** Review the pronominal verb **se laver** (*to wash oneself*):

se laver			
je	me lave	nous	nous lavons
tu	te laves	vous	vous lavez
il/elle/on	se lave	ils/elles	se lavent

2. There are several pronominal verbs that may be of particular use to you in this **Fichier.**

❍ **s'amuser à** + infinitif

La petite **s'amuse à** jouer avec ses poupées.

❍ **se souvenir de** + nom ou pronom

Je **me souviens** du moment où j'ai vu mon frère pour la première fois.

❍ **se souvenir que**

Je **me souviens qu'**il était adorable.

❍ **se rappeler** + nom ou pronom

Je ne **me rappelais** pas le nom de mon école.

❍ **se rappeler que**

Je **me rappelle que** le professeur n'avait pas compris ma question.

○ **s'imaginer** + nom, adjectif, infinitif

Je **m'imaginais** un enfant. (nom)

Je **m'imaginais** innocente. (adjectif)

Je **m'imaginais** comprendre. (infinitif)

○ **se figurer** = **s'imaginer**

Je **me figurais** sans amis.

NOTES

In Fichier 6 you will learn to express an opinion and argue your point of view. The act of "persuading" is challenging in any language because you have to fully understand the issue to be able to convince another person of your position. We often have strong opinions about social issues, such as crime, homelessness, or the environment. Imagine arguing for or against the right to bear arms. A strong argument would be based on a clear interpretation of the issue, an explanation of your position, examples to support your point, and a solid concluding statement.

The model text in this Fichier is the introduction to volume II of Simone de Beauvoir's treatise on women entitled Le deuxième sexe. *The issues raised in this passage have been considered controversial since the book's publication in 1949 and they continue to provoke interesting discussions. While the language is not overly difficult, the point she seeks to make is quite complex. Your challenge will be to study her argument and then to craft your own persuasive essay arguing for or against Beauvoir's notion of what it means to be a woman, or by extension, a man.*

Fichier 6
EXPRIMER UNE OPINION

DÉMARRAGE

Vous allez écrire un essai dans lequel vous exprimez une opinion. Il est très probable que vous donnez souvent votre opinion sur des sujets divers, surtout quand on vous pose des questions telles que «Que pensez-vous de ce film?» ou bien «Trouvez-vous ce film convenable pour les enfants?» Normalement, une réponse exige plusieurs phrases car vous cherchez à convaincre la personne de votre point de vue. L'essai que vous écrirez comprendra trois parties: une opinion personnelle, des exemples qui illustrent et expliquent votre opinion et enfin un argument pour convaincre votre lecteur.

TRAITEMENT DU SUJET

Réflexion

Le sujet de votre essai est tiré d'un traité écrit par Simone de Beauvoir, une femme écrivain et philosophe du XXᵉ siècle. Son ouvrage, *Le deuxième sexe II: L'expérience vécue,* commence par la phrase «On ne naît pas femme: on le devient». Par extension, nous proposons une deuxième version: «On ne naît pas homme: on le devient.» Complétez les activités suivantes pour commencer à trouver des idées.

1. Choisissez un de ces sujets:

    _____ «On ne naît pas femme: on le devient.»

    _____ «On ne naît pas homme: on le devient.»

2. Êtes-vous d'accord avec l'opinion dans le sujet que vous avez choisi?

_____ Je suis d'accord.   _____ Je ne suis pas d'accord.

3. Signalez trois phrases qui représentent «la vérité» pour vous:

   _____ Les hommes et les femmes sont différents.

   _____ Les hommes et les femmes sont semblables.

   _____ Les hommes sont plus forts que les femmes.

   _____ Les hommes sont plus raisonnables que les femmes.

   _____ Les femmes sont plus intuitives que les hommes.

   _____ Les femmes sont plus tendres que les hommes.

   _____ Les différences entre les femmes et les hommes sont innées.

   _____ Les différences entre les femmes et les hommes sont acquises.

   _____ Le sexe d'une personne n'influence pas sa nature.

   _____ Le sexe d'une personne a une profonde influence sur sa nature.

Discussion

1. Par groupes de trois, discutez la position prise par chaque personne. Lisez à haute voix les trois phrases que vous avez signalées. Écoutez bien vos collègues et donnez une réplique selon les suggestions ci-dessous.

   Je suis (tout à fait) d'accord avec toi.   Je ne suis pas (du tout) d'accord avec toi.

   Je suis du même avis que toi.   Je ne suis pas du même avis que toi.

   Je partage ton opinion.   Il m'est impossible d'accepter ton opinion.

2. Après avoir écouté vos collègues, écrivez une phrase pour chacun(e) qui résume votre interprétation de leurs positions. Donnez-leur vos commentaires.

   Les commentaires de vos collègues:

   _____

   _____

   _____

   _____

   _____

   _____

3. Lisez à haute voix les phrases écrites par vos collègues et indiquez si vous êtes d'accord ou non avec leurs commentaires.

Mise en place

1. **L'introduction.** Soulignez au moins cinq expressions d'introduction.

    Je trouve que. . .

    Je crois que. . .

    J'estime que. . .

    Je présume que. . .

    J'ai l'impression que. . .

    Je dois dire que. . .

    Je suis convaincu(e) que. . .

    Je suis persuadé(e) que. . .

    Je suis sûr(e) que. . .

    Je considère que. . .

    Je suppose que. . .

    Tout me porte à croire que. . .

    De toute évidence. . .

    À mon avis. . .

    À mon point de vue. . .

    Selon moi. . .

    Quant à moi. . .

    Il faut admettre que. . .

    Il me semble que. . .

    Il est évident que. . .

    Il va sans dire que. . .

    Il faut reconnaître que. . .

    Il est certain que. . .

    Il est incontestable que. . .

    Il est indéniable que. . .

2. **Les exemples.** Choisissez trois expressions pour présenter les exemples qui vont illustrer votre opinion.

    Par exemple. . .

    Prenons l'exemple de. . .

    Un exemple frappant de. . .

    Considérons le cas de. . .

    Pour illustrer (ceci). . .

    Pour expliquer. . .

    En premier lieu. . .

    La raison pour laquelle. . .

    Par comparaison avec. . .

    Par opposition à. . .

    D'une part. . . d'autre part. . .

    Voici un exemple de. . .

    Comme exemple de. . .

    (Ceci) illustre / montre bien. . .

    Dans bien des cas. . .

    Pour confirmer. . .

    Premièrement. . .

    Deuxièmement. . .

    Il convient (tout d'abord) de signaler que. . .

    Comparé à. . .

    D'un côté. . . de l'autre côté. . .

3. **La conclusion.** Choisissez deux expressions pour conclure votre argument.

En somme. . .   En gros. . .

Dans l'ensemble. . .   En fin de compte. . .

En résumé. . .   Le problème se résume ainsi:. . .

En guise de conclusion. . .   Rappelons les faits:. . .

On peut noter que. . .   Au fond. . .

Tout ceci prouve bien que. . .   En définitive. . .

Tout semble indiquer que. . .

AU CLAVIER!

○ Introduction: écrivez cinq phrases complètes avec les expressions d'introduction. L'organisation de vos phrases n'est pas importante.

○ Présentation: écrivez trois phrases complètes pour présenter les exemples qui vont illustrer votre opinion. Encore une fois, l'organisation de vos phrases n'est pas importante.

○ Conclusion: écrivez deux phrases avec les expressions que vous avez choisies.

Enregistrez ce document sous le nom de «opinion» et imprimez-le. Mettez-le dans votre dossier.

RUE DE RIVOLI

Travail modèle

Ce texte est l'introduction au deuxième volume de l'œuvre connue de Simone de Beauvoir, *Le deuxième sexe*, publié en 1949. Dans ce texte philosophique, cette femme écrivain présente quelques idées fondamentales de sa pensée féministe. Lisez cet essai, puis faites les activités d'analyse.

Le deuxième sexe II: L'expérience vécue
Introduction

Les femmes d'aujourd'hui sont en train de détrôner le mythe de la féminité; elles commencent à affirmer concrètement leur indépendance; mais ce n'est pas sans peine qu'elles réussissent à vivre intégralement leur condition d'être humain. Élevées par des femmes, au sein d'un monde féminin, leur destinée normale est le mariage qui les subordonne encore pratiquement à l'homme; le prestige viril est bien loin de s'être effacé: il repose encore sur de solides bases économiques et sociales. Il est donc nécessaire d'étudier avec soin le destin traditionnel de la femme. Comment la femme fait-elle l'apprentissage de sa condition, comment l'éprouve-t-elle, dans quel univers se trouve-t-elle enfermée, quelles évasions lui sont permises, voilà ce que je chercherai à décrire. Alors seulement nous pourrons comprendre quels problèmes se posent aux femmes qui, héritant d'un lourd passé, s'efforcent de forger un avenir nouveau. Quand j'emploie les mots «femme» ou «féminin» je ne me réfère évidemment à aucun archétype, à aucune immuable essence; après la plupart de mes affirmations il faut sous-entendre «dans l'état actuel de l'éducation et des mœurs». Il ne s'agit pas ici d'énoncer des vérités éternelles mais de décrire le fond commun sur lequel s'enlève toute existence féminine singulière.

(Simone de Beauvoir, *Le deuxième sexe II: L'expérience vécue* [Paris: Gallimard, 1949, 1953])

Analyse

Avec un(e) partenaire, analysez l'essai de Simone de Beauvoir. Servez-vous des activités ci-dessous pour guider votre analyse.

A. Trouvez la phrase qui représente le mieux l'opinion de l'auteur.

_____

_____

B. Notez les quatre questions dans le passage et expliquez pourquoi elle les pose.

C. Soulignez les expressions qui lient ses idées.

D. Basées sur cet essai, écrivez deux questions que vous aimeriez poser à Beauvoir.

_____

_____

_____

_____

CRÉATION DE DOCUMENT

AU CLAVIER!

Retrouvez votre document intitulé «opinion». Vous avez une liste de dix phrases. Organisez les phrases pour créer une suite logique de vos idées—introduction, développement et exemples, conclusion. Ajoutez encore des idées en vous référant aux suggestions ci-dessous.

Notez bien que le subjonctif s'utilise avec les expressions de doute, de nécessité et avec plusieurs expressions impersonnelles. Voici quelques expressions qui exigent le subjonctif. (Consultez la section **Outils** pour voir la formation du subjonctif.)

Je doute que...	Je ne suis pas sûr(e) que...
J'ai honte que...	J'ai horreur que...
Je tiens à ce que...	J'insiste pour que...
Il est douteux que...	Il faut que...
Il ne semble pas que...	Il est hors de question que...
Il est essentiel que...	Il est préférable que...
Il vaut mieux que...	Il est souhaitable que...
Il est impossible que...	Il est peu probable que...

Enregistrez et imprimez votre première rédaction. Mettez-la dans votre dossier.

APERÇU AVANT IMPRESSION

Trouvez un(e) partenaire et demandez-lui de vous lire sa composition à haute voix. Ensuite complétez les activités indiquées. Puis changez de rôles et répétez cette activité.

○ Soulignez les expressions présentées dans ce Fichier qu'il/elle a utilisées.

○ Trouvez la phrase qui résume le mieux l'opinion de votre partenaire.

○ Identifiez les exemples qui soutiennent son argument.

○ Basées sur cet essai, écrivez deux questions que vous aimeriez poser à votre partenaire.

○ Donnez-lui vos commentaires.

Les deux questions de votre partenaire:

_____

_____

_____

Les commentaires de votre partenaire:

_____

_____

_____

_____

_____

_____

AU CLAVIER!

Écrivez la rédaction finale de votre composition en considérant les suggestions faites par votre partenaire. N'oubliez pas de mettre un titre!

Enregistrez et imprimez votre composition. Mettez-la dans votre dossier.

ÉVALUATION

Mise en place: 10 phrases

Sans fautes	Peu de fautes	Moyen	Passable	Inacceptable
5	4	3	2	1

Total _____ /5

Création de document:

Organisation	1	2	
Usage des expressions	1	2	
Clarté des idées	1	2	3

Total _____ /7

Rédaction finale:

Titre	1			
Créativité	1	2		
Organisation	1	2	3	
Contenu	1	2	3	
Grammaire	1	2	3	4

Total _____ /13

Total _____ /25

Remarques de l'écrivain:

Remarques du (des) collègue(s):

Remarques du professeur:

Le subjonctif

1. In French, the subjunctive is formed by taking off the **-ent** of the third-person plural of the present indicative and adding the following endings:

    -er verbs: ils parl**ent** → parl- +
    -ir verbs: ils finiss**ent** → finiss- + } **e, es, e, ions, iez, ent**
    -re verbs: ils rend**ent** → rend- +

2. Most verbs are regular in the subjunctive:

    partir: ils part**ent** → part- + **e, es, e, ions, iez, ent**

3. Note that when verbs have a different form for **nous** and **vous** in the present indicative, the change is retained in the subjunctive conjugation:

boire:	*ils boivent / nous buvons*		
que je	boive	que nous	**buvions**
que tu	boives	que vous	**buviez**
qu'il/elle/on	boive	qu'ils/elles	boivent

4. There are only eight commonly used irregular verbs in the subjunctive:

avoir:	aie, aies, ait, ayons, ayez, aient
être:	sois, sois, soit, soyons, soyez, soient
aller:	aille, ailles, aille, allions, alliez, aillent
faire:	fasse, fasses, fasse, fassions, fassiez, fassent
savoir:	sache, saches, sache, sachions, sachiez, sachent
pouvoir:	puisse, puisses, puisse, puissions, puissiez, puissent
vouloir:	veuille, veuilles, veuille, voulions, vouliez, veuillent
***falloir:**	(il) faille

    *Note: **falloir** is only used in the **il**-form; you are probably most familiar with the expression **il faut que...**

À vous

Complete the sentences by putting the verbs in parentheses in the subjunctive.

1. Il est nécessaire que la discrimination _____ (être) éliminée.

2. Je suggère qu'on _____ (devenir) plus tolérant.

3. Cela m'étonne qu'il y _____ (avoir) de l'inégalité entre les hommes et les femmes.

4. J'insiste pour que la société _____ (accepter) une nouvelle définition de féminité.

5. Nous doutons que la situation _____ (pouvoir) s'améliorer.

6. Il est honteux que vous ne _____ (discuter) pas ce problème.

7. Je tiens à ce que tu _____ (finir) ce travail.

NOTES

NOTES

Using a Dictionary

Generally, when you come upon a French word or expression you do not know, you can try to situate the word in context to get a better idea of what it might mean. In other words, the surrounding words and sentences often give good clues to the meaning. If at this point the word's meaning is still not clear to you, it is a good idea to consult a dictionary. For more novice students, a good bilingual dictionary such as *Larousse* or *Harper Collins Robert* is recommended. For those students who are more advanced in their study of French, a monolingual dictionary such as the *Petit Robert* is a good choice.

Very often, however, dictionary searches can be time-consuming and frustrating. Below are some suggestions for maximizing your time and energy when searching for unfamiliar words and expressions in French.

○ Look up verbs in the infinitive form:

> **to write**   (*not* writes, wrote, writing)
>
> **écrire**   (*not* écris, écrivons, écrivant)

○ Check to see if the word in question is a grammatical notion in French:

> — *would* represents the conditional mood
>> **Je ferais =** *I would do*
>
> — *herself* is reflected in the reflexive nature of verbs
>> **Elle se voit =** *She sees* **herself**

○ Be sure to read through all the dictionary translation equivalents and examples given to find the one most appropriate for your use. Note when a verb or expression requires a certain preposition or helping word.

- Avoid translating word-for-word from English to French.

- Compare dictionary entries in both English and French. Very often, you can get a better idea of a word's meaning and use by comparing the two.

- Notice when words or expressions are used familiarly or pejoratively.

Lexique

The glossary below contains the English translation equivalents of words and expressions found in this book. Cognates and basic first-semester French words are not included. The following expressions are abbreviated:

qqch = quelque chose

qqn = quelqu'un

so = someone

sthg = something

The gender of nouns is indicated by (*m.*) or (*f.*). Adjectives are given in the masculine form, with the feminine ending following after a comma, e.g., **agressif, ive.** Reflexive or reciprocal verbs are found under the first letter of the verb itself: **se voir** is located in the "V" section.

A

à

À Qui de Droit "To whom it may concern"

à vrai dire actually

accablant, e exhausting, overwhelming

acquis, e acquired

s'adosser (contre) to lean (against)

s'agir to be about

agressif, ive aggressive

ailleurs elsewhere

d'ailleurs besides, moreover

par ailleurs otherwise

ainsi in this way, thus

ajouter to add, to insert

allumer to light

allure (*f.*) appearance

amant (*m.*) lover

s'améliorer to improve

amitié (*f.*) friendship

apercevoir to perceive

aperçu avant impression (*m.*) print preview

appartenir to belong

apprentissage (*m.*) apprenticeship

appuyé, e à leaning on

âpre bitter

assombrir to darken

aucun, e no, not any

au-dessous below

au-dessus above

avenir (*m.*) future

avis (*m.*) opinion

avoine (*f.*) oats

avoir lieu to take place

B

barbe (*f.*) beard

bavard, e chatty, talkative

bavarder to chat

beau (bel), belle beautiful, handsome

bête stupid, silly

bien des a good many

bienvenu, e: être le (la) bienvenu(e) to be welcome

blême pale, wan

bombé, e rounded, bulging

bonté (*f.*) kindness

bout (*m.*) end

bruyant, e noisy

bref, brève brief, short

en bref in short

brouillard (*m.*) fog

C

cacher to hide

caractère (*m.*) character (personal qualities)

céder to yield

cependant nevertheless, however, yet

cerner to surround, to lie around

chaleur (*f.*) heat

chandail (*m.*) sweater

chauffer to heat

chétif, ive puny, sickly

clarté (*f.*) clarity

coiffeur (*m.*) hairdresser

colère (*f.*) anger

colle (*f.*) glue

coller to paste

conclure to conclude

conseil (*m.*) advice

conséquent, e logical, rational

par conséquent consequently

consigne (*f.*) instructions

convaincre to convince

convaincu, e convinced

convenable appropriate

convenir to be appropriate, to correspond

corsage (*m.*) blouse, bodice

courbé, e bent, curved

coudre (*p.p.* cousu)   to sew
couper   to cut
cour (*f.*)   courtyard
courroucé, e   angered
courroux (*m.*)   anger
cousu, e   sewn
couvre-pieds (*m.*)   quilt
craindre   to fear
crainte (*f.*)   fear
craintif, ive   fearful
créer   to create
creux, euse   hollow
crochet (*m.*)   square bracket

D

débarquer   to turn up,
   to show up (*fam.*)
débrouillard, e   smart,
   resourceful
déçu, e   disappointed
déguenillé, e   tattered
dégoût (*m.*)   disgust
démarrage (*m.*)   starting
déménagement (*m.*)   move
   (house)
déplaire   to displease
déprimé, e   depressed
se dérouler   to unwind,
   to unfold
dès
   dès lors   from that
      moment on
   dès que   as soon as
désespoir (*m.*)   despair
détrôner   to dethrone
diriger   to manage, to direct
disparaître   to disappear
disposer (qqn) à, envers
   to incline (so) towards
se disputer   to argue
douteux, euse   doubtful
drap (*m.*)   cloth
durer   to last

E

écœurant, e   sickening
écraser   to crush,
   to run somebody over

édicter   to decree, to enact
éducation (*f.*)   upbringing,
   education
effacé, e   erased
effacer   to erase
effarant, e   unbelievable
s'efforcer   to try hard to do
effrayer   to frighten, to scare
effroi (*m.*)   terror, dread
effrontément   insolently,
   shamelessly
égard: à cet égard   in this
   respect
élevé, e   raised, brought up
émerveillement (*m.*)
   astonishment
s'empêcher de   to stop
   oneself from doing
en
   en bref   in short
   en fait, en effet   in fact
   en fin de compte   when all
      is said and done
   en gros   roughly, broadly
   en guise de   by way of
   en plus, de plus   more,
      extra; furthermore
   en quête de   in search of
   en réalité   in reality
   en somme   all in all,
      in short
   en tout cas   anyway
encadré, e   framed
s'énerver   to annoy,
   to bother
enfoncé, e   sunken,
   deep-set
s'enlever   to come out
ennui (*m.*)   boredom
s'ennuyer   to be bored
ennuyeux, euse   boring
énoncer   to express, to state
enthousiasme (*m.*)
   enthusiasm
entraîné, e   carried away
envers   toward
envie (*f.*)   desire
épais, aisse   thick
épaule (*f.*)   shoulder

éprouver   to feel,
   to experience, to suffer
espèce (*f.*)   sort, kind
esprit (*m.*)   mind, spirit
estimer que   to consider,
   to judge, to deem
étoffe (*f.*)   fabric, material
étoile (*f.*)   star
étonner   to astonish,
   to surprise
étreindre   to hug, to embrace
s'évanouir   to vanish,
   to disappear
évidemment   of course,
   obviously
exiger   to demand, to require
exprimer   to express
exaspération (*f.*)
   exasperation

F

fâché, e   angry
façon (*f.*)   way, fashion
   de toute façon   at any rate,
      in any case
fer (*m.*)   iron
fin: en fin de compte   when
   all is said and done
fond (*m.*)   basis
fou (fol), folle   crazy
franc, franche   frank,
   straightforward, candid
franchise (*f.*)   candor,
   openness
frappant, e   striking
friser   to curl
frustration (*f.*)   frustration

G

garagiste (*m./f.*)   car
   mechanic
gêne (*f.*)   discomfort
genou (*m.*) (*pl.* genoux)
   knee
glisser   to slide
gonflé, e   swollen
goût (*m.*)   taste
gré (*m.*)   will

grenier (*m.*) attic

gros: en gros roughly, broadly

guise (*f.*) way, manner

 en guise de by way of

H

habile skillful

s'habituer to become used to

haillons (*m.*) rags

haine (*f.*) hatred

hanche (*f.*) hip

hériter to inherit

honte (*f.*) shame

 avoir honte to be ashamed

hors de question out of the question

humeur (*f.*) mood

humour (*m.*) humor

I

immuable unchanging

impatience (*f.*) impatience

inattendu, e unexpected

indigent, e (*m./f.*) pauper

infini, e infinite

inné, e innate

irritation (*f.*) irritation

J

joie (*f.*) joy

jusqu'où how far

L

laisser to leave, to let

 laisser traîner qqch to leave lying around

lancé, e started, begun

larme (*f.*) tear

lendemain (*m.*) the next day

lirer to cry (*Canadianism*)

lourd, e heavy

loyal, e (*m. pl.* **loyaux**) loyal

lune (*f.*) moon

M

mal (*m. pl.* **maux**) pain, trouble, evil

malgré in spite of

même same

 de même likewise

mépris (*m.*) contempt, scorn

mettre to put, to place

 mettre en valeur to develop; to emphasize

 se mettre à to begin

 se mettre en frais to go to great expense

mœurs (*f., pl.*) morals or moral standards

moindre least

morceau (*m.*) bit, piece

morne gloomy, dreary

moyen, enne average

N

naissance (*f.*) birth

naître to be born

néanmoins nevertheless

nouvelle (*f.*) short story

nuageux, euse cloudy

O

or now

orgueilleux, euse proud, haughty

oser to dare

ours (*m.*) bear

P

paraître to appear, to seem

pareil similar

paresseux, euse lazy

partager to share

peine (*f.*) sorrow; effort; difficulty; punishment

 à peine hardly

pèlerine (*f.*) cape

perruque (*f.*) wig

personnage (*m.*) character (in a film or play)

perspicace shrewd, perceptive

peur (*f.*) fear

pire worse

plainte (*f.*) complaint

planche (*f.*) board

pleur (*m.*) tear

poids (*m.*) weight

poignée (*f.*) handle

se poser to face

potelé, e plump, chubby

pourtant however, yet, nevertheless

prier to beg, to beseech

prière (*f.*) prayer, plea

prise de conscience (*f.*) realization, turning point

propos (*m.*) intention, aim

 à ce propos on this subject, in this connection

propreté (*f.*) cleanliness, tidiness

puiser to draw, to take

puisque since, seeing that

punition (*f.*) punishment

Q

quant à as for, as regards

quotidien, enne daily

R

ramasser to pick up, to gather up

ranger to tidy

râpé, e worn out, threadbare

rappeler to recall

rapproché, e close

ravir to delight

réagir to react

réclamer to ask for

rédaction (*f.*) essay, composition

regimber to grumble, to complain, to resist

rencontre (*f.*) meeting

se rendre compte to realize

résoudre to solve, to resolve

retailles (*f., pl.*)   clothing
  scraps
ridé, e   wrinkled
rigueur (*m.*)   severity,
  harshness
ronchonner   to gripe,
  to grumble
rusé, e   sly, crafty

S

sádosse contre   to lean with
  one's back against
sage   wise, sensible
santé (*f.*)   health
satisfaction (*f.*)   satisfaction
sauf   except
scénariste (*m./f.*)
  screenwriter
sec, sèche   dry
sein (*m.*)   breast, bosom
  au sein de   within
séjour (*m.*)   stay, visit
selon   according to
sembler   to seem, to appear

sentir   to feel
serrer   to put away
siroter   to sip
soin (*m.*)   care
somme (*f.*)   sum, amount
  en somme   all in all,
    in short
songer   to think, to reflect
souhaitable   desirable
soulagement (*m.*)   relief
soumis, e   submissive,
  obedient
sourire   to smile
sous-entendre   to imply
soutenir   to support
se souvenir (de)   to
  remember
surprendre   to surprise

T

tablier (*f.*)   apron
tâche (*f.*)   task
tailler   to cut

témoigner   to show
tenir à + *inf.*   to be anxious to
têtu, e   stubborn
tiré, e   drawn, pulled
tout à coup   suddenly
trahir   to betray
traîner   lie around
  laisser traîner qqch
    to leave something
    lying around
traversée (*f.*)   crossing

V

vague (*f.*)   wave
vécu, e   real, true
veille (*f.*)   the day before
vendeuse   sales woman
ventre (*m.*)   stomach
vêtu, e   clothed, dressed
vilain, e   ugly, nasty
viril, e   manly, virile
vitrine (*f.*)   shop window
voilà: pourquoi, c'est
  pourquoi   that's why